THE PURCHASING CHESSBOARD
64 METHODS TO REDUCE COSTS AND INCREASE VALUE WITH SUPPLIERS
Third Edition

棋盘博弈采购法

64种降低成本及供应商增值协作的工具

（第三版）

[奥] 克里斯蒂·舒（Christian Schuh）
[美] 约瑟夫·L. 儒道（Joseph L. Raudabaugh）
[奥] 罗伯特·库莫斯（Robert Kromoser）
[奥] 迈克尔·F. 斯卓（Michael F. Strohmer）
[奥] 阿连卡·崔普莱特（Alenka Triplat）
[英] 吉姆·皮尔斯（Jim Pearce）
著

姚倩　[美] 李学芸　[马来西亚] 叶斐杰　吴江 ◎译

清华大学出版社
北京

北京市版权局著作权合同登记号　图字：01-2017-3080

【The Purchasing Chessboard: 64 Methods to Reduce Costs and Increase Value with Suppliers】by【Christian Schuh; Joseph L. Raudabaugh; Robert Kromoser; Michael F. Strohmer; Alenka Triplat; Jim Pearce】ISBN: 9781493967636 Original English language edition published by Springer Science+Business Media LLC. Copyright © 2017 by Springer Science+Business Media LLC. Simplified Chinese-language edition copyright ©【2017】by Tsinghua University Press. All rights reserved.

本书封面贴有清华大学出版社防伪标签，无标签者不得销售。

版权所有，侵权必究。举报：010-62782989，beiqinquan@tup.tsinghua.edu.cn。

图书在版编目(CIP)数据

棋盘博弈采购法：第三版 /(奥)克里斯蒂·舒(Christian Schuh)等著；姚倩等译. — 北京：清华大学出版社，2017（2024.3重印）
书名原文：The Purchasing Chessboard: 64 Methods to Reduce Costs and Increase Value with Suppliers
ISBN 978-7-302-46984-1

Ⅰ.①棋… Ⅱ.①克…②姚… Ⅲ.①企业管理—采购管理—研究 Ⅳ.①F274

中国版本图书馆 CIP 数据核字(2017)第 101528 号

责任编辑：陆浥晨
封面设计：李召霞
版式设计：方加青
责任校对：王荣静
责任印制：沈　露

出版发行：清华大学出版社
　　网　　址：https://www.tup.com.cn，https://www.wqxuetang.com
　　地　　址：北京清华大学学研大厦A座　邮　编：100084
　　社 总 机：010-83470000　　　　　邮　购：010-62786544
　　投稿与读者服务：010-62776969，c-service@tup.tsinghua.edu.cn
　　质 量 反 馈：010-62772015，zhiliang@tup.tsinghua.edu.cn
印 装 者：三河市铭诚印务有限公司
经　　销：全国新华书店
开　　本：200mm×200mm　　印　张：12.4　　字　数：170千字
版　　次：2017年6月第1版　　印　次：2024年3月第8次印刷
定　　价：89.00元

产品编号：072639-01

序 言

不同的人为了不同的目的写书,但是对于我们来说写这本书只有两个理由:第一,我们热爱采购;第二,我们希望帮助企业管理者回答在管理采购时最常见的三个问题:

——如何通过与供应商合作降低成本、创造价值?

——如何通过改造供应商帮助采购企业获得更多竞争优势?

——如何建立世界级的采购组织?

本书及另外两本著作《供应商关系管理:机会与价值最大化》(*Supplier Relationship Management:How to Maximize Vendor Value and Opportunity*)和《首席采购官》(*The CPO:Transforming Procurement in the Real World*)* 构成了科尔尼公司的"采购三部曲"。这三本书深入浅出地讨论了当代企业在管理采购工作中常见的挑战和问题,通过生动易懂的文字带领读者轻松理解相关概念和真正含义。

---

* 《供应商关系管理:机会与价值最大化》与《首席采购官》中文版已由清华大学出版社于 2016 年出版。

棋盘博弈采购法（purchasing chessboard）框架的发展最早受到了经济学中供需双方博弈力的启发，供需博弈力是造就古巴比伦的繁荣市集、因贸易而兴盛的威尼斯共和国、成就大英帝国的基石。自 2008 年第一次出版以来，我们看到这一理论方法被广泛应用于全球各地的不同行业和众多品类，并产生了积极影响。棋盘博弈采购法非常直观并易于运用，已经成为全球众多领先企业使用的主要采购策略工具。

采购博弈棋盘中的 64 格棋盘代表了 64 种采购方法，这些方法既可被单独应用，也可组合使用，帮助公司降低成本并提高价值。其中很多方法都并非传统意义上的采购手段，因此，棋盘博弈采购法也是帮助采购专业人士跳出固有思维和行动模式、寻找新方法的绝佳工具！

对我们而言，最让人兴奋的事情就是采购行业已经广泛地接受了棋盘博弈采购法。我们当初没有预料到本书能够再版，更不用说第三次出版，而且还被译成多种语言在全球发行。为什么我们要推出第三版呢？这主要源于三方面原因：

第一，就像保时捷 911 这款车型多年来持续升级换代以保持其市场领先地位一样，我们会更新本书中的相关案例，我们一直在不断收集客户案例，并追求为客户带来更好、更快、更显著的改善。此外，我们还收录了在不同国家地区、不同行业应用这套方法的经验及教训。同时，随着数据分析技术的迅猛发展，以及我们团队中品类专家的不断涌现，棋盘博弈采购法的应用已经迈上了一个新的台阶。另外，科尔尼有很多咨询顾问也希望借由这个平台与读者分享成功故事，因此本书的案例对比上一版本更为丰富多样。总之，我们在保留第 4 章的结构基础上，补充了一些新的案例。

序言

第二，我们希望本书能更贴近企业高管层的诉求。要想在应用棋盘博弈采购法时取得成功，采购职能需要和市场营销、研发、制造、销售、财务等不同团队的利益相关方保持密切协作，而不是单兵作战。归根结底，只有企业高管才能自上而下地释放出棋盘博弈采购法的巨大潜力，帮助一家企业蜕变为一个在市场上人人敬畏的对手。

第三，我们希望通过棋盘博弈采购法为广大的采购从业者带来启发，在工作实践中多多尝试。从这套方法中找到适合的方法，通过与供应商合作削减成本和创造价值仅仅是一个开始！棋盘博弈采购法就像一个通关游戏，其中有一些已经被科尔尼解锁，有一些由我们协助客户或由客户独立实施，但还有一些关卡仍待探索和发现，也许你能来解锁这些未被攻克的关卡。

敦促我们再版的另一个动力来自我们的一个愿望，就是希望可以帮助采购人员在企业中获得更高的地位。经过科尔尼培训且目前仍活跃于采购领域的从业者已超过 10 万人！为了进一步扩大在采购领域的影响力，我们将把第三版的所有版税收入用于支持采购领域的学术研究。如果您的研究需要资助或希望和我们共同支持在该领域内的研究，请通过电子邮件与我们联系：procurement.grant@atkearney.com。

我们坚信，所有采购从业者，不管是 CEO 还是一线员工，均能从本书中有所收获！我们希望本书可以鼓励广大读者在各自的采购工作领域中有所建树，同时我们也殷切地期望各位读者加入我们的行列中，与大家共同分享您的故事和历程！

尽情享受这局采购游戏吧！

译者序

走出小天地，拥抱大未来

虽然在咨询界工作多年，我却与采购有着颇深的渊源。例如，我职业生涯的第一个难关就是作为一个迈入职场的销售代表，碰到了一个气势汹汹的卖场采购经理。当时我刚刚到一家国际消费品企业做管理培训生，按照公司计划在销售团队轮岗。刚毕业时的青涩让我面对非常不友好、张口闭口都谈费用的卖场采购确实有点找不到北。稚气未脱的我觉得他们的无理要求和强势态度很不专业，后来才逐渐明白这些都是某些采购人员的"套路"而已。

如果说采购给我的第一印象是简单粗暴的话，那么加入科尔尼公司从事运营咨询工作后，我对采购的印象就变成了固执僵化。比如说，对一些需要从前端需求设计就开始介入的工作，采购会认为自己没有被赋权、被要求，流程上也不合规，所以还是宁愿守着自己的一亩三分地，忍着最后一棒传递到自己手中的各种压力和指责，也不愿意稍稍迈出舒适区、打破"空挡滑行"的循环。

也许有人会说，你们这本书是要给采购从业者看的，你这样"打击"他们会影响销路的吧？但我想说的是，还深陷在传统采购泥潭里的伙伴们，如果对岌岌可危的处境不自知，那么采购博弈棋盘即便提供了 64 种不同的方法，也可能被当成"不适用的理想方法"而已；棋盘博弈法所描绘的战略采购愿景，也可能对你的企业来说只是看上去很美很遥远的未来罢了。

然而，我们还是欣喜地看到中国一些企业（尤其是民企）的采购团队已经告别忍气吞声的过去，开始走上扬眉吐气的战略采购道路了。在这些企业中，一类是因为企业高层看到了采购领域的迭代趋势（如从零和博弈到多元共赢、从对外竞争到内外协同），或者看到竞争对手因为战略采购而获得了可观的财务收益，所以下定决心来进行变革；还有一类则源于采购团队负责人的穷则思变，这是受传统采购禁锢太久之后的必然反抗。他们开始主动争取高层和相关部门的支持来推动采购的变革。无论哪种情况，都会遇到挑战，中国企业比国外至少晚了十年开始这样的采购转型，再加上本身管理水平的差距，使得采购的升级换代变得任重而道远。

在这个重要的过程中，提高全员意识觉悟、提升采购组织的地位、加强体系建设是非常重要的。但是仅仅如此还是停留在形式层面，真正的战略采购落地需要的是"内核"升级！而这个内核就是采购人员所使用的方法和工具，是用以挑战内部需求、协同外部市场的武器和灵丹。试想，如果体系建立了、地位提升了，但是采购做起事情来还是老三样：招标、比价、谈判，那就是新葫芦装老酒而已，等过了转型期依旧会受到责难。因此，我们在帮助众多国内外客户进行采购组织变革时，除了在第一阶段要进行整体转型设计外（与我们的另一本书《首席采购官》所分享的故事有些类似），往往在后续阶段还会系统地导入多元化的采购方法和先进工具，

译者序　走出小天地，拥抱大未来

让兼顾理论和经验的咨询顾问与企业的采购伙伴组成联合团队，共同翻新以往的采购策略和手段，重新审视供应商群体及其匹配关系；从不同视角挖掘令高层和相关部门惊喜的机会，再逐步将这些机会转化为真金白银。往往通过这样的历练，采购团队会认清自己的使命，看到一份区别于传统采购的不同，也让内部管理和外部供应商也感受到这份不同。

经历过这样一个个蜕变的故事，我们这些咨询顾问也变得更加接地气了。以前有朋友认为咨询师很像"万金油"，貌似什么都懂都会但是执行落地就未必能指望。我想这是不了解咨询的新风向而对过去部分咨询形态的误解。其实近 10 年来，管理咨询在中国越发成熟，与客户并肩作战已然成为注重实效的咨询团队的主流。这也让我回想起在 20 世纪 30 年代，科尔尼在北美企业界因为"可以与一线生产工人无间交流、打成一片"而著称。我们在战略采购领域的咨询确实做到了这点，也因此我们有幸与很多采购同人结下了深厚的友谊。源于这份友谊，我们更加希望看到中国采购管理持续进步、看到大家的职业越来越有含金量。

但不容否认，金领职业对人的要求也非常高，我们自己开玩笑说现在的战略采购需要"三高"的人，即高智商、高情商和高财商。高智商，毋庸置疑就是强调采购需要掌握的硬技能，尤其几年的数字化、模型化、智能化的采购。采购博弈棋盘的全部方法都是为大家的高智商服务的，同时也需要大家发挥聪明才智来深入学习和实践。其中一部分棋盘中的方法更加侧重于硬性的采购技术，例如成本回归分析、总拥有成本、智能交易结构、复杂度简化等。而高情商强调的是战略采购人员的沟通、协作和领导能力，棋盘中越是高级的方法就越需要充分获得多部门的支持才能见效，例如，协作性成本削减、按需创新、战略联盟等。最后，高财商也许让大家觉得意外，但采购创造的价值唯有体现在公司财务报表上才能名正言顺地被称为"战略性贡献"。本书区别于第二版的不同之一是在最后的"未来之路"篇章中增加了科尔尼供应管理资产回报率模型 ROSMA，这是搭建 CPO 和 CFO 对话的重要桥梁，也是洞悉采购实践的价值驱动因素的有效模型。

采购博弈棋盘已经是第三版了。从 2008 年的第一版开始，我们在全球积累了更加丰富的项目案例，也包括一批具有中国特色的实践成果。我个人曾经对采购有着"小情绪"，到现在着实感受到了一份"小情怀"。我们的顾问团队也从崇尚逻辑思维，逐步磨炼成兼顾战略高度和执行密度的复合型人才。而采购同人们不再甘于围绕订单的操作，在与相关方合作时，从听话照做到据理力争、从据理力争到携手共赢；在采购博弈棋盘这样的"花式采购法"指引下跨越了你死我活的竞争，与供应商创造出"第三选择"。

而这样的创新，也把采购这件事推向了一个新的历史高度。采购是连接企业与外部生态圈之间的重要桥梁，这样的身份也赋予了采购组织更大的价值和社会责任。如果说未来企业的竞争不再是单枪匹马，而是集合生态圈优势来进行"高纬"战争的话，那么采购对于创造健康的生态圈、提升上下游企业的竞争水平，从而推动整个行业的发展，都具有举足轻重的作用。由此也可以看出，采购博弈棋盘不仅是采购同人的武器，也是销售人员的锦囊。供应商的销售团队如果了解到采购的各种方法，尤其是通过联合优势获得共赢的方法，就可以跳出价格厮杀的束缚，倾注更多精力和资源来为客户创造价值。

我想特别感谢为本书出版提供帮助的客户和朋友。感谢参与部分书稿

译者序　走出小天地，拥抱大未来

翻译或校对的同事和伙伴：吴隽文、叶桢、邵朋、杨博、林鸿逸、高敏。同时，我们要感谢在战略采购领域与我们合作过的所有客户，因为你们认真的学习和实践、对方法的思考与挑战，让我们不断加深了对采购博弈棋盘方法的理解，并积累了多元化的实战案例。第三版的内容创新与你们的反馈与贡献密不可分。

最后，也希望通过此书和我们的共同努力，帮助更多企业的采购团队走出被动执行、保障供应的小天地，拥抱开拓创新、高瞻远瞩的大未来！

姚倩

致 谢

在本书第三版出版之际,我们不曾忘记我们是站在巨人的肩膀上完成本书的创作。如果没有数十年前 Tom Slaight、Larry Kohn、Manfred Türks 和 Niko Soellner 的工作和努力,科尔尼的采购团队不会有今天这样的成就。我们还要感谢编辑团队,特别是 Patricia Sibo,因为他们本书才能得以出版。

Christian Schuh

Joseph L. Raudabaugh

Robert Kromoser

Michael F. Strohmer

Alenka Triplat

Jim Pearce

目 录

第 1 章　CEO 应该成为一个具备 CEO 思维的 CPO ……………… 1

　　蒂姆·库克能被复制吗？……………………………………… 4

　　让高层参与 …………………………………………………… 6

第 2 章　从 4 种基本战略到 64 种方法 …………………………… 8

　2.1　管理采购支出 ……………………………………………… 11

　　　需求管理 …………………………………………………… 12

　　　联合采购 …………………………………………………… 12

　　　需求捆绑 …………………………………………………… 13

　　　商业数据挖掘 ……………………………………………… 14

　2.2　改变需求性质 ……………………………………………… 15

　　　风险管理 …………………………………………………… 15

　　　创新突破 …………………………………………………… 16

　　　技术数据挖掘 ……………………………………………… 17

　　　重新设计规格 ……………………………………………… 18

2.3 利用供应商之间的竞争·································· 18
    全球采购·· 19
    招标·· 20
    目标定价·· 20
    供应商价格评审·· 21
2.4 寻找与供应商的共同利益·································· 22
    综合运营计划··· 23
    价值链管理·· 24
    基于成本的伙伴关系·· 24
    价值合作伙伴··· 25

第3章 采购博弈棋盘®的使用·································· 27
3.1 采购博弈棋盘上的公司指纹·································· 29
3.2 采购博弈棋盘应用实例······································· 32

第4章 采购博弈棋盘®·· 43
A1 需求削减·· 44
A2 合规性管理·· 46
A3 采购外包··· 49
A4 团体采购组织··· 52
A5 瓶颈管理··· 55
A6 垂直整合··· 57
A7 核心成本分析··· 59
A8 按需创新··· 61

B1	合同管理	66
B2	闭环支出管理	68
B3	大型供应商战略	70
B4	联合采购	71
B5	政策框架管理	72
B6	智能交易模式	74
B7	基于采购的设计	76
B8	利用创新网络	78
C1	跨产品线需求量捆绑	80
C2	供应商整合	82
C3	主数据管理	84
C4	成本资料分析	86
C5	产品对标	88
C6	成分对标	90
C7	产品拆卸	92
C8	功能评估	94
D1	跨单位需求量捆绑	96
D2	跨代需求量捆绑	98
D3	支出透明化	99
D4	标准化	101
D5	产品复杂度简化	103
D6	流程对标	106
D7	基于生产的设计	108

D8	规格评估	109
E1	全球采购	111
E2	自产或外购	113
E3	供应市场情报	115
E4	信息征询函/询价函流程	117
E5	可视化流程组织（VPO）	121
E6	产能协同管理	126
E7	供应商分层管理	128
E8	价值链重构	131
F1	低成本国家采购	133
F2	最佳采购地	136
F3	逆向竞标	138
F4	解释性竞标	141
F5	供应商管理库存（VMI）	143
F6	虚拟库存管理	145
F7	可持续性管理	146
F8	收入共享	150
G1	基于成本的价格模型	152
G2	成本回归分析	155
G3	价格对标	161
G4	总拥有成本管理	162
G5	供应商发展	165
G6	总体生命周期概念	167

G7	基于项目的合作伙伴	170
G8	利益共享	171
H1	线性特性定价	172
H2	因素成本分析	173
H3	非捆绑价格	175
H4	利用市场失衡	177
H5	供应商适应管理	178
H6	协作性成本削减	180
H7	基于价值的采购	182
H8	战略联盟	183

第 5 章　未来之路　187

5.1 采购博弈棋盘应用模式　188

跨部门能力纵览　189

核心采购板块　189

管控板块　190

全球化板块　190

外部联盟　191

信息化板块　191

统计板块　191

制造板块　192

工程板块　192

供应链板块　192

　　　　公司战略板块 ··· 192
　　　　借助分析工具 ··· 193
　5.2　采购博弈棋盘的创新运用方式 ··························· 194
　　　　逆向运用：规划产品战略时，将采购博弈棋盘作为一种创新
　　　　工具来使用 ··· 194
　　　　运用采购博弈棋盘为大型固定资产项目建立供应商管理
　　　　战略 ··· 195
　　　　运用采购博弈棋盘来规划与执行集团战略 ················· 195
　　　　管理动态变化的产品生命周期 ··························· 197
　5.3　ROSMA^{SM} 供应管理资产回报模型 ··························· 198
　　　　支出覆盖范围 ··· 201
　　　　速率 ··· 201
　　　　品类收益 ··· 201
　　　　合规性 ··· 202
　　　　附加收益 ··· 202

第6章　如何组建一支优秀的"采购博弈棋盘"团队 ············· 205
　　　　在采购内部组建一支优胜团队 ··························· 206
　　　　与业务利益相关方实现共赢 ····························· 209
　　　　与你的供应商实现共赢 ································· 210

第7章　结语：对销售和市场营销人员的启示 ··················· 212
　　　　在采购博弈棋盘上正确地定位 ··························· 213
　　　　如何应对定位在中心区域的情形？ ······················· 213

如何应对定位在左下角的情形? ················· 214

　　如何应对定位在左上角的情形? ················· 214

　　如何应对定位在右下角的情形? ················· 215

　　如何应对定位在右上角的情形? ················· 215

附　录 ················· 217

著译者简介 ················· 219

第1章　CEO应该成为一个具备CEO思维的CPO

　　采购工作以多种形式呈现，最基本的也是我们认为创造价值最低的形式是执行业务相关方和供应商之间的商务安排，即交易型采购。这种采购，不论是从思维模式还是行为模式的角度考虑，都无法体现采购的价值潜力，而且往往会将那些具有天赋的采购专业人员置于次要的角色。如果您是一名CEO（首席执行官），并且这就是您的采购观念，倒不如索性解散采购团队，把采购工作外包给Ariba、甲骨文或SAP这类公司。重复而且无聊的交易型采购工作，附加价值低，最适合由自动化的流程工具替代。

　　我们对于采购的理解，或者说对采购本质的看法，与上述理念截然不同。我们设想的采购职能不仅可以支持公司战略，还能在很大程度上促进或推动企业战略的执行实施。这就要求首席采购官（CPO）具有大局观，通过影响关键的利益相关群体在整个企业组织内扮演领导角色，并对企业的健康运营起到重大影响。有人说我们这样的理念是一厢情愿，是高不可攀如空中楼阁般的理论设想，其实不然。已经有很多知名企业的领导者证明了这种理念完全可行,很多CPO通过这种风格领导采购部门并取得了巨大成功,这份名单包括大众集团董事会成员弗朗西斯科·加西亚·桑斯(Francisco Garcia Sanz)和戴尔首席供应链长官凯文·布朗(Kevin Brown)。

为了帮助大家更好地理解,我们不如仔细研究一下世界上最优秀的CPO——苹果公司现任CEO蒂姆·库克(Tim Cook)。库克以及他在苹果实现的成就就像我们上文描述的"CEO应该成为一个具备CEO思维的CPO"!

严格来说,库克从没真正在苹果担任过CPO这个职位,但CPO确实是库克在苹果公司地位与贡献的最佳注解。在进入苹果前,库克曾任康柏公司材料部门副总裁,由于无情的行事风格,他被戏称为"库存界的阿提拉"[1]。1998年,库克迎难而上加入了当时境况不佳的苹果公司担任全球运营高级副总裁。在库克加入前,苹果拥有多元的产品线,但缺少能够赢得市场的成功产品。没用多久,库克就清理掉了苹果产品线中那些陈旧而又无人问津的产品,不愧是"库存界的阿提拉"。2008年库克在接受CNN(美国有线电视新闻网)采访时,对其早年在苹果公司的理念做了如此阐释:"管理(库存)就像管理乳制品一样,一旦过了保质期,问题就来了。"

史蒂夫·乔布斯擅长在用户面前展示产品的魅力,而蒂姆·库克则擅长在幕后管理供应商、优化运营,他们的管理方式迥然不同却各有所长。

苹果公司的竞争对手们通常更关注于产品构架、功能设计、市场营销和渠道管理等,但很少关注运营,纷纷把产品大部分的工程设计和几乎全部的制造环节外包给代工企业,如中国台湾的富士康、纬创资通、仁宝、广达和英业达等。通过这种模式精简运营资源，实现较有竞争力的产品价格。

相比苹果的竞争对手，在库克的领导下，苹果公司采用了一种事必躬亲的管理模式。与供应商合作时，苹果对他们的要求更加细致、规范：规划制造流程、指定设备、工装和模具，并派驻大量生产制造专家至代工厂处进行现场管理。

这种亲力亲为的管理方式带来了积极的效果，使得苹果公司敢于采用独特的制造工艺和技术。一个比较典型的例子就是计算机数控（CNC）加工。传统的笔记本电脑外壳设计曾让苹果十分头痛，要想批量生产结构复杂的外壳只能用螺钉或胶水将 5～10 个单独部件进行组装。问题是部件数量增多会导致生产误差的增加，你如果用手紧握一台用传统方法制造的笔记本电脑，就能听到吱吱的响声，这就是由生产误差造成的。

苹果公司一直在寻求一种替代性的笔记本电脑外壳制造方式以彻底解决这个难题。CNC 加工方式便是最后被采纳的方案。CNC 通常被用于生产少量且高精度零部件，这种方法过程较慢，而且以传统观点看来非常昂贵。苹果没有被这种传统观点所束缚，而是大胆地采用了 CNC 加工方式大批量生产电脑外壳。今天苹果的所有 MacBook、iMac、iPad、iPhone 及 Apple Watch 产品的外壳均采用了这种加工方式。苹果将昂贵的 CNC 加工方式实现量产的诀窍在于，花费数年时间收购了全球几乎所有的数控机床产能，最终把小批量生产技术应用到了大批量生产上。如今，这些机床被安装在富士康和其他代工厂位于中国的工厂里，为苹果赢得了巨大的竞争优势。

众所周知，苹果采购量巨大，但很少有人意识到他们极少利用采购量或者其他商业工具来压榨供应商以削减成本。实际上，一些供应商把与苹果合作比作与美国海军海豹特种部队打交道。"苹果的采购负责人要求极高，同时他们很明白自己在做什么。"一位苹果供应商表示，"与苹果合作使我们进步很大，能够极大地帮助我们在其他客户那里获得竞争优势。"

每一家成功的公司都有一个独一无二的目标，这一点至关重要。2010年1月，史蒂夫·乔布斯曾向公众宣告苹果公司的目标："我们追求科技和艺术的平衡，力争在两个方面都做到最好，在制造技术领先的产品的同时，我们的产品必须直观易用、给人乐趣，真正符合用户的需要。"乔布斯在iPad首发时如此说道："用户不必去适应iPad，相反iPad会迎合用户需求。"

这一目标配合乔布斯的完美主义，带来了高度精简的产品组合，也让库克能够充分施展采购的魔力。库克没有过多关注用于不同产品的无数零部件，而是深入研究关键部件和工艺技术，他研究的深度往往连苹果的供应商们都自叹不如。

苹果公司从来没有为了降本而降本。随着采购职能在公司战略中逐渐扮演起不可或缺的角色，其产品也更加受到消费者的欢迎。苹果公司就此从1998年濒临破产的局面成长为现今世界上最有价值的企业之一。

蒂姆·库克能被复制吗？

苹果的成功经验表明：当CEO正确理解采购，且CPO能够像CEO

一样思考时，一个公司能够取得的成功可以达到什么程度。

科尔尼公司一项研究结果则从另一个方面揭示了采购的重要性：很多公司的采购状况不容乐观。在一项针对383家北美和欧洲公司的CFO（首席财务官）调研中，只有不到20%的调研对象对其公司的采购职能满意或基本满意，而约75%的CFO认为该公司的采购业绩糟糕、喜忧参半或不愿评价。

所有CFO都明白采购会影响企业的最终盈亏，多数CFO认同采购创造价值的回报率是：采购创造的价值和削减的成本加总，除以采购组织的成本。然而对于削减成本的理解上，很多CFO又回归到他们一贯的思路：压缩销售和管理费用（SG & A）、运营成本、直接和间接人工成本。根据我们的经验，采购企业如果仅仅通过对供应商施加压力而不是充分调动采购的全部潜力，获得的收益是非常有限的。

很多分析师也持有相同的看法。他们认为2008年金融危机后企业业绩与该企业的CPO息息相关。纵观大多数行业，CPO级别较高的企业（与销售、研发和生产负责人相当）与CPO级别较低的企业相比，前者的业绩总是更好。对于采购支出占收入1/2～2/3的企业而言，分析师们更青睐那些CPO拥有强大影响力的企业。

当然，像苹果这样的大公司不总是有像蒂姆·库克这样的一号人物。而且，也没有必要全部照搬。在全球不同的企业中，众多开明、集CEO和CPO理念于一身的企业领袖正在发挥着巨大的作用。我们之所以知道这一点，是因为我们每天都在与他们打交道，他们中的一部分人正在帮助我们推广、实施棋盘博弈采购法。一般来说，这些企业能双倍实现既定的成本削减目标，而且通过与供应商的合作为企业获得前所未有的竞争优势和价值。

让高层参与

棋盘博弈采购法无疑是实现显著的成本削减、创造可观价值的可靠途径，但却无法独善其身。我们对 CPO 的建议是不要一开始就埋头苦干。这套方法确实能够帮助企业削减成本，也能与供应商共同推动一两项新举措，但是 CPO 可以为采购企业挖掘的潜力远远不止于此。

要想实现显著的成本削减目标、获取突破性的竞争优势，企业高层的参与、组织内广泛的认同、跨职能的支持一个都不能少。获得高层支持的一个方法就是把本书推荐给领导层，告诉他们只需花不到一小时阅读本书的前三章。还有一个更好的做法是，将前三章的内容复印并分发给企业的管理人员，然后与他们一起讨论和定义采购职能的愿景，计算期望实现的成本削减目标，并思考从供应商处可以获得哪些额外价值。

一旦管理层对采购职能有了同样的认知，选择与其中几位领导共同推动一批试点项目。召集采购团队和其他部门的相关人员，与他们分享这套棋盘博弈采购法，重点关注第 3 章和第 4 章的案例分析，这些成功的故事都是从我们以往为客户实施的真实项目中提炼整理的。通过阅读案例，联合团队可以考虑和规划应用相似的策略为企业和团队施加积极的影响。实施策略的过程中，联合团队成员应向企业高层展示工作方法与成果，未参与到试点项目的同事们也可以通过观摩、学习来效仿这些新型的采购管理模式。这将在企业内部起到示范效应,激励其他部门和人员采用类似方式,有助于将这套方法在整个企业范围内推广。

就像足球教练利用各种方法来打造优秀的球队一样,企业也能运用棋盘博弈采购法来培养优秀采购人才并以成败论英雄,从而将采购部变成企业中最激动人心的部门。如果说 CPO 和足球教练的区别,可能在于 CPO 除了拥有采购博弈棋盘这一技术工具,还会使用采购卓越度评估(AEP)和供应管理资产回报率(ROSMA^{SM})等理念工具来打造一支常胜团队!

译者按:阿提拉(拉丁语:Attila,406 年 9 月 2 日—453 年 4 月 30 日),古代欧亚大陆匈人最为人熟知的领袖和皇帝,史学家称之为"上帝之鞭",曾多次率领大军入侵东罗马帝国及西罗马帝国,并对两国构成极大的威胁。他曾率领军队两次入侵巴尔干半岛,包围君士坦丁堡;亦曾远征至高卢(今法国)的奥尔良地区,最后终于在沙隆战役被逼停止向西进军。然而后来他却攻向意大利,并于公元 452 年把当时西罗马帝国首都拉文纳攻陷,赶走了皇帝瓦伦丁尼安三世,使西罗马帝国名存实亡。

第2章 从4种基本战略到64种方法

为了帮助采购部门更好地应对来自市场波动的挑战，科尔尼公司开发了采购博弈棋盘®。此次的新版本总结概括了过去六年里科尔尼公司在全球完成的1000多个采购项目（共涉及超过1万亿美元的采购金额），以及过去三十年内科尔尼公司所完成的众多类似项目中所积累的专业知识与项目经验。

采购博弈棋盘的基本理念来源于供求关系。它的目标是帮助买方有效地应对与卖方进行的每一种类型的交易。

回顾历史，供求法则一直影响着文明的兴衰。古巴比伦集市、罗马帝国、威尼斯的鼎盛、大英帝国、新兴的世界强国美国，以及欧洲煤钢共同体、欧洲经济共同体和欧盟的合并……所有这些历史更迭都在很大程度上受到供求关系的影响。不容否认，这些经济规律在今天和能够预见的未来仍然适用。

以供求法则作为基本原则，将采购中的供求关系进行分类，最主要的优势是：相对而言，公司的各部门与管理层更加容易理解。由于高级管理层尤为关注供求关系，采购部门可以更加容易地将自身的方案与整体战略相结合（见图2-1）。

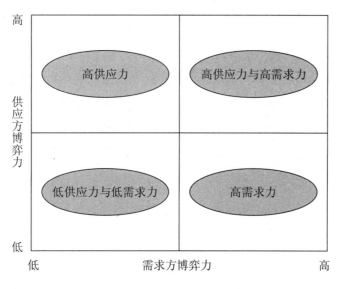

图2-1 采购活动领域

如何才能将供需关系的对比转变成切实可行的采购方法呢？答案在一系列供需博弈力的高低排列组合中。

首先让我们用四种完全不同的情况来说明这一组合方法：

- 高需求力：一家大型汽车制造商（如大众）购买汽车锻造零配件。在全世界成百上千的锻造零部件制造商中，至少有几十家制造商能够满足其质量和数量要求。在这种情况下，买方相对于其锻造零配件供应商来说具有绝对优势，并能在供应商间的竞争中获利。

- 高供应力与高需求力：如果同一家大型汽车制造商想要购买博世的发动机管理系统，情况就完全不同了。博世在许多领域拥有实际垄断，同时，博世与大型汽车制造商之间也是相互依赖的。在这种情况下，确保长期共同的优势无疑是双方的共同利益。

- 高供应力：即使是大型汽车制造商的需求力也有其自身的局限性，尤其是在寡头市场占优势的情况下。包括铂催化剂在内的大宗商品就是一个很好的例子。尽管大众汽车购买大量的铂，可大众依然完全依赖于金属交易所的报价。在面对高供应力的情况时，企业需要不断地改变自身的需求性质以便获得优势。

- 低供应力与低需求力：低需求力的一个典型案例是某大型汽车制造商的飞机差旅采购。由于航空业相对宽松的管制，航空市场在供需关系上比前述事例显得更为均衡，供应力也相对较弱。企业除了可以商议折扣价外，也应考虑另一个关键的问题——飞机差旅是必要的还是完全可以避免的。由此，该公司完全可以削减和管理自己的需求。

上述需求力和供应力的组合可细分至任意数量的子集中。在此，科尔尼介绍了三个结构层次（见图2-2）：

- 4种采购战略——用以协助公司采购部门与最高管理层之间沟通的基本策略。

- 16种采购策略——在跨领域协商中非常有帮助的方案（例如采购与研发部的协商）。

- 64种采购方法——构成棋盘的具体方法，采购的操作工具。

第 2 章 从 4 种基本战略到 64 种方法

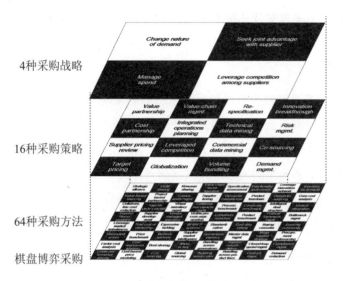

图 2-2 采购战略选择框架

在以下章节中,我们将概述采购博弈棋盘的三大层次。在第 4 章中,我们还将采用具体案例详细描述 64 种方法。

2.1 管理采购支出

在低供应力与低需求力的案例中,第一种采购战略需要专业的需求管理。支出管理首先需要掌握开支明细,诸如"谁正在向哪个供应商购买什么"。在此基础上,再考虑是否有可能通过公司内部或跨公司领域的需求量捆绑来提高购买力。同时,这种考虑必须基于对需求合理性的实际分析。缩减成本与增加价值的方法包括需求管理、联合采购、需求捆绑以及商业数据挖掘。上述方案及其基本方法简述如下。

需求管理

需求管理通过减少公司对所选供应商的采购量，同时优化合同，从而实现成本的削减。需求管理包括以下几个战略方法。（在本章节和以下章节中，这些战略方法被简称为 A1 至 H8，就如同一个棋盘的各个方格；读者可以展开本书末尾的采购博弈棋盘插页作为参考。）

A1 **需求削减**：客观分析特定需求的合理性。（例如，员工是否真的有必要乘坐飞机出差，或乘坐飞机出差是否可由视频会议代替？）

A2 **合规性管理**：这主要包括更多使用主框架协议和首选供应商，遵守公司内部的相关政策（如差旅政策）。

B1 **合同管理**：如果采购人员对合同不熟悉，那么即使是最好的合同也无济于事。合同管理旨在创建公司内现有合同的透明度和统一性，从而为所有内部客户提供更好的合约条款。

B2 **闭环支出管理**：该整体方法旨在持续观察可能存在利益损失的方面（如未使用的付款条件等），并确保在必要时采取适当措施。

联合采购

当某个公司由于明显缺乏购买力而面对损失时，就可以采用联合采购的方法。在联合采购时，公司可以汇聚各采购品类的需求或与其他公司合作采购。联合采购包括下列方法：

A3 　**采购外包**：将采购外包给比自身购买力大很多的合作伙伴。

A4 　**团体采购组织**：低购买力的几家公司采用团体采购组织的模式来实现显著的成本降低。团体采购组织带来的不仅是采购量的整合，而且还可以提供合作伙伴间的资源共享，如业务分析员或是基础设施等，以此来实现更为复杂的采购战略。

B3 　**大型供应商战略**：主要目的在于使公司与供应商都能认识到潜在的巨大商机。不同于针对单个采购品类的谈判（该公司只有很低的购买力），谈判应关注在同一供应商处所采购的所有物料。

B4 　**联合采购**：联合指的是某些企业为从采购市场中获得优势而进行的松散合作。与团体采购组织不同的是，此类合作的期限十分有限（如合作随相关项目的结束而终止）。

需求捆绑

需求捆绑是一个传统的采购方法，即通过实现供应方规模经济效益获得节余。虽然这种方法已经为众人所熟知，但人们还是常常无法完全意识到通过此方法使供应商让步所能获得的节余。特别是对于高固定成本或者需要较长启动时间的产品，规模效应将十分可观。例如，如果固定成本占30%，采购量增加一倍足以使价格降低15%成为可能。需求量捆绑包括以下方法：

C1 　**跨产品线需求量捆绑**：整合所有产品线的类似采购部件来创造价值。例如，一家家用电器制造商整合了其所有电机的采购。

C2 　**供应商整合**：整合类似部件的采购至一家供应商,削减与其他供应商的合作。具体来说,这意味着削减较小供应商的数量,加强与较强或具有战略合作意义的供应商之间的关系。

D1 　**跨单位需求量捆绑**：整合全公司各个生产地的需求。适用于可面向全球或者地区性市场供应的某一家供应商。

D2 　**跨代需求量捆绑**：跨代需求量捆绑对于项目驱动型企业特别重要。基于客户对于后代产品或者服务的正式或非正式承诺,供应商会就当前的项目做出让步。

商业数据挖掘

如果公司被局限于已知信息,会发生什么样的情况?在经年累积的商业数据库中(如 SAP 或 Oracle)存在着巨大机会。借助于针对性分类和智能分析,我们可以通过标准化的方法提高支出透明度、确定潜在节余空间,并且快速实现成本削减。商业数据挖掘包含以下方法:

C3 　**主数据管理**：按照标准逻辑对基础数据库中所有物料、供应商信息进行分类,将其与订货系统关联,从而避免采购订单的松散管理。

C4 　**成本资料分析**：深入分析一个采购类别中的现有数据,以寻找各种成本节约机会。例如,对比集团旗下各公司之间不同的采购折扣率。

D3 　**支出透明化**：以支出立方的形式实现公司内所有支出的透明化。该数据源的主轴为采购类别、供应商与地点,可按各个纬度进行细分。

D4 标准化：通过部件标准化依照行业标准统一制定规格。

2.2 改变需求性质

在供应方占据主导地位的市场格局下，第二大基本策略是改变需求性质。基于独特的技术优势或独家市场准入权，一些供应商成功地建立了垄断或寡头地位，此时必然会造成供应方占据主导地位的市场格局。通常，这类市场现象并非不可避免，而且实际上（无论是有意或者无意）这往往是由买方公司自己造成的结果。改变需求的性质需要试探性地提出要求，如为了重新拓宽选择范围，可以在何种程度范围内修改技术规格？根据以往的经验，我们得知，几乎所有垄断都是可以规避的。至于剩下的残留风险，我们也可以采用适当的措施进行规避。

通过此基本策略来削减成本与增加价值的方法包括：风险管理、创新突破、技术数据挖掘以及重新设计规格。方案及其基本方法简述如下：

风险管理

风险管理是企业在保持财务绩效可控的情况下确保客户需求得到供给而实施的各种防御措施的总和。风险管理包括以下方法：

A5 瓶颈管理：采取一系列步骤，积极避免、尽早识别并及时采取措施，以应对瓶颈问题。目的是确保在任何情况下均能将产品交付给终端客户。

A6 **垂直整合**：在价格波动的市场环境中，长期被冷落的垂直整合方法重新为人们所青睐。

B5 **政策框架管理**：借助于巧妙的政策游说，有可能使一个垄断供应商和对其依赖的买方企业之间的天平向后者倾斜。

B6 **智能交易结构**：尤其是在向垄断供应商采购物料时，谨慎地起草合同是至关重要的。基于公司特定需求结构而精心设计的合同，可为公司带来相当可观的优势。

创新突破

由于垄断、专利权或者规格限制的原因只能向单一供应商进行采购时，采购方会发现自己处于完全依赖对方的境地。在这种情况下，唯一的解决方案就是创新突破，从根本上改变游戏规则。创新突破包括以下方法：

A7 **核心成本分析**：从本质上讲，核心成本分析是从"零起点"进行产品开发。撇开多年来产品上的各种附加物，此方法可以识别产品必须具备的功能，然后基于此将产品优化或重建。

A8 **按需创新**：受专利保护的供应商构成了采购活动中最为棘手的挑战。而基于TRIZ（来自俄语，意思为"创新性的问题解决原理"）方法的按需创新，将所有科技领域的全新理念纳入其中，建立了不同的技术解决方案。

B7 **基于采购的设计**：通过促进研发部门与采购部门之间更加紧密的合作，此方法可以拓宽规格限制，让更多家供应商得以参与供应。

B8 　**利用创新网络**：建立企业间的合作创新网络，通过推进公司间的合作研发，企业可以获得创新技术的新见解。如此，企业可以拓展眼界并最终摆脱对供应商的长期依赖。

技术数据挖掘

产品生命周期的不断缩短，以及差异化和多样化的增大，使采购变得日趋复杂。由此带来的直接后果是产品需求捆绑和规模采购都很难开展。针对这种情况，首先要运用恰当的工具来改变混乱的现状。通过规格分析与对标，可以发现潜在的改进机会，并进而通过采购，研发和制造部门之间的共同努力落实改进。技术数据挖掘包括以下方法：

C5 　**产品对标**：产品对标可以就市场上各种不同的设计解决方案进行比较。

C6 　**成分对标**：在这种情况下，将所选择的竞争性产品发送给几家供应商进行成分分析。然后由供应商在成分和产品层面分别给出建议。通过采纳各方面最好的建议优中选优，而且还能通过这一方法获得供应商制造成本的相关信息。

D5 　**产品复杂度简化**：通过复杂度树分析系统地减少产品变量个数。

D6 　**流程对标**：流程对标是指各个生产步骤之间的成本比较，如部件的表面处理等。流程对标的数据结果为直接与供应商进行加工成本的谈判提供了基础。

重新设计规格

一个产品的绝大部分成本早在其开发初期就已经确定。如果不能在现有规格限制下削减成本,那么唯一能做的就是重新回到设计阶段!但往往设计阶段的灵感难以重现,而且当初产品之所以被如此设计往往是具备充足理由的。所以,关键问题就成了:"为了高效率地生产或获得较好的市场反响,我们是不是真的需要 X 或 Y?"重新设计规格包括以下方法:

C7 **产品拆卸**:产品拆卸指将竞争对手的产品分解成各个组成部分,并与自己的解决方案进行比较。

C8 **功能评估**:分析产品中每个功能所需要的成本,由跨领域的项目团队来确定哪些功能是可有可无的,或是有降本空间的。

D7 **基于生产的设计**:基于生产的设计是指用于设计产品(或修改设计)的系统化流程,其功能是简化产品制造并控制生产成本。

D8 **规格评估**:规格评估指对当前的规格进行严格评估,了解其是否实用还是仅仅增加了成本与复杂度,对不必要的规格做出相应调整。

2.3 利用供应商之间的竞争

在高需求力的市场,第三个基本策略是利用供应商之间的竞争使采购企业获利。这种基本战略可表现为不同形式,通过适当的方式激发供应市场的竞争，或者通过分析工具影响供应商定价。

通过此策略达到削减成本与增加价值的基本方案包括：全球采购、招标、目标定价以及供应商价格评审。以下介绍这四种方案及其应用。

全球采购

全球化不仅为销售方创造了更多的可能，也为采购方提供了更多机会。随着东欧、中国和印度市场的开放，全球市场上新增了超过十亿的劳动力，而且这些新增的低成本劳动力拥有越来越高的技术水平。然而，利用全球化杠杆效应并不仅仅意味着启用低成本国家的供应商，也包括放眼全球范围的供应市场。

全球采购包括以下方法：

E1 **全球采购**：全球采购指在全球范围内挑选最具竞争力的供应商。虽然这听上去是显而易见的，但实际情况是欧洲公司大多选择使用欧洲供应商，而美国公司同样大多选择使用美国供应商。

E2 **自产或外购**：除核心技术以外，内部生产必须参与供应商市场的竞争，反之亦然。关注这一点通常会带来令人意想不到的结果。

F1 **低成本国家采购**：低成本国家采购主要是识别、评估和使用来自低成本国家的供应商。

F2 **最佳采购地**：最佳采购地旨在评估特别适合在价值创造过程中进行外包的地区和供应商。结合商业案例分析，本方法也包括整体风险评估。

招标

招标可能是最常用的采购方法。虽然现在市场的波动让招标的有效性已有所减弱，但不能因此错误地将这一方法摒弃。招标可以非常有效地提高供应市场的价格透明度。成功的招标需要具备招标流程各阶段的专业知识，包括确定潜在供应商、准备与发送竞标文件、投标分析以及与合适的供应商进行谈判。招标包括以下方法：

E3 **供应市场情报：** 供应商市场情报是指系统地收集、评估和使用所有现有及潜在供应商的信息。

E4 **信息征询函/询价函流程：** 信息征询函/询价函流程是指系统地编制、发送征询函，以及评估供应商的反馈信息并获取相关产品及服务的报价。

F3 **逆向竞标：** 通过网络工具，逆向招标可以加速招标的谈判进程。

F4 **解释性竞标：** 解释性竞标是指允许供应商在报价中提出"如果……那么"条款（例如，"如果"一家供应商除了零件 A 还获得了零件 B 的业务，"那么"这家供应商会对 A 的价格提供额外 10% 的折扣）。

目标定价

由于仅有小部分供应充分了解产品的成本结构，或者不愿意披露真实信息，目标定价法这种确定成本结构的有效手段便应运而生了。我们可以根据手头掌握的信息，运用统计方法进行相应的成本分析，有些方法会涉及高级统计、生产制造的专业知识。目标定价包含以下几种具体方法：

- **G1** **基于成本的价格模型**：建立一套完善的自下而上的成本模型来囊括整个价值链的关键活动，以此完成目标定价。通过这个模型，我们基于关键成本驱动因素计算出每个增值流程所需花费的目标成本，该模型还包括间接费用及供应商的目标利润。

- **G2** **成本回归分析**：通过统计分析确定对价格影响最大的技术参数，并基于此建立一个多元线性回归模型。该模型除了能够确定目标价格，还能有效识别和避免不符合规律的定价。

- **H1** **线性特性定价**：对于由多个材料构成的产品，此方法可以用来识别影响其成本的主要技术参数。

- **H2** **因素成本分析**：这是一种系统地识别、分析与对比相关因素成本的方法。可用作对比不同供应商的因素成本，并确定最终目标价格。

- **H7** **基于价值的采购**：此方法通过充分利用先进的分析工具，将关注重点放在供应商能为采购企业提供的创新力和价值上，而不是一味考虑成本。

供应商价格评审

通常，现有供应商的价格往往并非是基于"成本加总"的逻辑进行系统计算的。开发或模具费用的计算方法也不尽相同。这种状况使价格缺乏透明度。而通过供应商价格评审，就能引入统一的定价标准，这主要包含以下方法：

G3 **价格对标：** 价格对标是综合对比产品价格与合同条款的一种方法。

G4 **总拥有成本管理：** 这一概念包含整体识别、评估和分析非常规费用、生产成本、运输成本、复杂度成本以及运营成本。

H3 **非捆绑价格：** 这种方法旨在将一种产品或服务的总价格分解成相关成本因素（例如：将系统分解为零部件，将开发费用从总生产费用中独立出来），这样就能在竞标过程中分别针对各成本因素进行招标。

H4 **利用市场失衡：** 此方法目的在于系统地掌握市场的不平衡程度，并在采购过程中加以利用。造成市场失衡的原因有：地区间不同的产能利用率、不同的价格机制，或者波动的要素成本。

2.4 寻找与供应商的共同利益

在买卖双方博弈能力都比较强的市场格局下，第四个基本策略是与供应商共同寻找联合优势。此基本策略的不同方案取决于买卖双方的合作范围以及业务关系的紧密程度。不同合作范围的买卖双方可以选择协同规划其需求与产能或完全整合双方的价值链。同时，根据业务关系的亲疏程度，采购企业与供应商可以从基于项目的成本分摊，一直到共享财务盈利和风险之间的各种联合方式中做出选择。

通过此基本策略进行成本削减与增加价值的方案包括：综合运营计划、价值链管理、价值合作伙伴以及基于成本的伙伴关系。四种方案及其用到的具体方法简述如下。

综合运营计划

　　综合运营计划并不能直接降低价格，而是通过更可靠的销售预测和降低库存来最终改善产能与需求的平衡。借助互联网技术，供应商与客户本着互信原则进行信息的双向交流。这是运营层面上的一种真正的合作伙伴关系，但是这必须基于高度坦诚的信息交流。这是一个可以缩减成本，同时增加价值的重要方法。由此方法可以有效避免断供与产能瓶颈，提升销售收入。综合运营计划包含以下方法：

E5　　**可视化流程组织**：其特点是依靠配备专职的协同决策团队动态地优化生产计划。通过显著改善的信息沟通，帮助企业避免计划之外的事件所造成的额外成本。

E6　　**产能协同管理**：客户与供应商之间缺乏沟通可能会导致产能瓶颈和生产损失，有时甚至会带来更严重的后果。产能协同管理针对有选择的关键物料和数量进行持续管理，协调需求与产能。

F5　　**供应商管理库存**：此处，给供应商赋予权限使其可以浏览客户物料消耗与库存数据，以主动进行库存管理。供应商可以通过获得更大的生产计划自由度来降低成本。

F6　　**虚拟库存管理**：将供应商处、客户处和物流伙伴处（即在途物资）的所有库存均纳入库存优化流程中。如果库存信息系统不能提供完整的数据，则需要其他工具辅助。

价值链管理

本方案重点在于系统地优化价值链与相关价值增值单元。正确地使用企业数据（销售收入、价值链不同环节的增值水平、供应商采购成本等）是成功通过价值链管理达成改善的基本要求。价值链管理包含以下方法：

E7 **供应商分层管理：** 供应商分层管理可朝两个方向发展：利用关键供应商整合上游二级供应商，使公司无须管理大量的供应商；或者采取截然相反的方法，打破现有格局，绕过一级供应商直接管理上游供应商。

E8 **价值链重构：** 分析现有价值链，细分其组成部分，然后进行价值链重组。本方法旨在取得或保持对价值链关键阶段与流程的最大化控制，从而将核心竞争力内化为企业的竞争优势。

F7 **可持续性管理：** 可持续性管理是依据经济、社会以及生态原则对公司及其价值创造链进行的整合管理。例如，环保措施可以使公司节省成本，并避免企业形象受损。

F8 **收入共享：** 按一定的比例与供应商分享销售收入。当一个采购部件对产品的整体用户感知有很大影响时，收入共享就显得尤为重要。

基于成本的伙伴关系

本方案旨在通过合作伙伴之间的协作进行成本优化。关注小部分优势供应商，真正实现大量成本优化是这一方案成功的关键。基于成本的伙伴关系方案包含以下方法：

G5 **供应商发展：** 这一方法旨在培养有吸引力的新供应商或业务量小的现有供应商，并将他们发展成为关键供应商。

G6 **总体生命周期概念：** 总体生命周期概念详细地定义了公司与供应商在整个产品周期内销售收入与成本的分配方式。

H5 **供应商适应管理：** 通过有针对性的措施帮助供应商消除其自身价值创造流程中的缺陷，使自己的供应商更具竞争力。

H6 **协作性成本削减：** 公司与供应商联合拓展缩减成本的思路，共享节余。

价值合作伙伴

价值合作伙伴的目标在于更好地提升价值并共担业务风险，成功的关键是创建一个真正双赢的局面。价值合作伙伴包含以下方法：

G7 **基于项目的合作伙伴：** 对于希望在一定期限和范围内合作的采购企业与供应商，适合选择基于项目的合作伙伴模式。

G8 **利益共享：** 与传统的向供应商支付产品采购价格不同，采购企业可以与供应商分享销售利润。当供应商对买方业务的成功与否起决定性作用时，此方法就成为合理的选择。

H7 **基于价值的采购：** 此方法按能力选择供应商，同时不断鼓励其创新，目标是实现价值的最大化，而非成本最低。

H8 **战略联盟：** 当不愿意或无法在其内部维持某一特定的具有战略意义的能力，或不可能进行垂直整合时，企业可以通过战略联盟与供应商建立长期合作关系。

一般的采购从业者只能想出相对简单的方法，诸如竞标、采购量捆绑和多年期合同等方式进行采购。杰出且经验丰富的专业采购人士则能够总结出 10～15 种不同的方法来缩减采购成本和提升价值。然而本书却列出了多达 64 种采购方法！若想亲手实践这 64 种方法，建议您关注本书末尾所附的采购博弈棋盘。为方便使用，该页为插页形式。坚持参考采购博弈棋盘将确保在采购活动中可以充分使用所有工具。我们在本书第 4 章中对采购博弈棋盘的各个方案与方法进行了详述。首先，我们将向您解释采购博弈棋盘™的使用方法。

第3章 采购博弈棋盘®的使用

采购博弈棋盘可针对特定的采购品类定位出合适的采购策略与方法，达到在某一特定品类上削减成本，或增加从供应商处获得价值的目的。首先，我们要为特定的采购管理的"品类"进行适当分类。以建造住宅为例，大致可分为三个不同层次：

- 管理总包商：将整栋房子承包给一家建造商，由其负责雇佣和管理所有分包商和供应商。
- 管理分包商：买方分别雇用分包商来建造房屋，完成砌砖、木工、管道、电路铺设等一系列具体工作，由分包商负责挑选和管理供应商。
- 管理供应商：事必躬亲，亲自购买所有物料，如砖瓦、丁字钢、清水墙、管道、电线、门窗、螺丝、钉子等。

请注意，以上案例中的情境没有正确或者错误之分。不同方案的优劣在很大程度上取决于个人以往经验和现有能力。如果这是你第一次尝试自建房屋，那么我们建议采取第一种"总包商"模式，因为与分包商和供应商的沟通会占用很多时间，很有可能还会导致决策不善；但是如果你已经建造了五套房子，你可以直接跳到第三种"供应商"模式，该模式在满足你所有需求的同时还能为你省下一大笔钱。

接下来，将采购品类定位在采购博弈棋盘上。沿着需求方博弈力坐标轴定位某一品类时，应考虑以下因素：

- 公司在相关销售市场（某地区范围内）拥有多少份额？
- 公司为供应商描绘了怎样的发展前景？
- 公司可以为供应商提供何种能力的提升？
- 供应商如何才能通过为公司服务来提升自身形象？

如果公司符合以下某项或某几项特征，则该公司拥有较强势的需求博弈力：

- 供应商除了与该公司合作别无选择。
- 公司是某一产品的最大买家（并且呈现出强劲的增长态势）。
- 公司定期与供应商协作创新。
- 公司拥有良好声誉。

当沿着供应方博弈力坐标轴定位采购品类时，必须考虑以下因素：

- 市场上有多少可靠的供应商？
- 供应商占有多少市场份额？
- 供应市场上的并购态势如何？
- 新供应商进入这一市场的难易程度如何？

- 更换供应商的难度如何？
- 市场上是否有合适的替代产品？
- 更换为替代产品的难度有多大？
- 市场上产品的供应情况如何？有无任何未来可能发生供应"瓶颈"的迹象？

如果供应商符合以下特征，则该供应商拥有强势的供应博弈力：

- 供应商能够垄断整个市场。
- 供应商产品受专利保护。
- 新产品和替代产品进入市场有较高门槛。
- 产品供不应求。

在采购博弈棋盘上完成采购品类定位之后，还要对其可行性进行评估，此时对各项支出的定位进行交叉检验会非常有效。

完成评估后，即可开始从采购博弈棋盘上寻找解决方案了。对于任何采购支出，首先需要在采购博弈棋盘上确定与其定位相应的基本采购策略、方案和方法。需要注意的是，在采购博弈棋盘上的定位不是精准地只锁定一种方法，而是寻找一组相邻/相关方法。接下来我们将会讨论针对各种不同的采购品类情况，如何选取最适合的方案。

3.1 采购博弈棋盘上的公司指纹

我们把采购博弈棋盘上每个公司采购支出的组合图谱称为"指纹"。

正如没有两个人的指纹是完全相同的一样,各企业在采购组合中应用采购博弈棋盘的结果各具特色。为说明这一点,我们特别选择了六个案例进行详细分析:

如图3-1所示,在每个案例中,圆圈代表各个品类,各品类开支按比例用圆圈的直径表示。年开支为1亿美元的品类的直径是年开支为5000万美元的品类的两倍。各品类都按照上述步骤在采购博弈棋盘上定位。

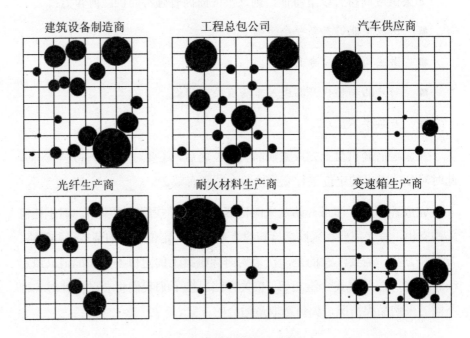

图3-1 采购博弈棋盘应用案例

观察这六个指纹,首先发现的是每个公司的采购品类个数大不相同。汽车零部件供应商只有六个品类,而其他公司,如变速箱生产商却有20

多个品类。这主要是缘于他们各自不同的业务性质。例如,汽车零部件供应商生产冲压件,只涉及几个采购品类。与此相反,建筑设备生产商则提供从小型高空作业车到大型液压挖掘机的不同产品组合。

上述六个案例中另一个明显的不同之处在于品类权重的分布。品类权重也取决于各企业的业务性质。就汽车零部件企业而言,钢材占据了公司70%的开支。因此,钢材是公司的主要采购品类。同样,对于耐火材料生产商而言,原材料就是主要采购品类。但对于光纤生产商而言,虽然矿浆是最大的实际采购品类,但是不同于前述案例,它并非占据主导地位,因为光纤生产商的各个品类支出较为分散。对于建筑设备生产商、工程总包公司(工程、采购和施工)和变速箱生产商来说,他们都拥有许多支出较大的采购品类,但同时也有一些相对支出较小的采购品类,所以他们的采购图谱看上去相对均衡。

另一个有趣的现象是各品类在棋盘上的分布情况。在变速箱生产商和光纤生产商的案例中,50%以上的品类位于采购博弈棋盘的右半边。这意味着这些公司对于大笔采购开支具有相对较高的需求博弈力优势。而与之形成对比的是,在汽车零部件供应商和耐火材料生产商的案例中,大部分采购开支位于低需求博弈力的区域。在建筑设备生产商和工程总包公司的案例中,品类的需求博弈力分布平均。涉及供应博弈力时,只有变速箱生产商的主要采购份额位于有利的领域内(即市场供应落在低博弈力区域)。对于建筑设备生产商、工程总包公司和光纤生产商而言,品类可能更倾向于落在高供应博弈力范围之内。而这两类供应商面临的不利局势是,落在高供应力领域之内的支出恰是他们的主要采购品类。

因为上述公司不同的采购品类和不同的采购重点，它们在采购博弈棋盘上留下了不同的指纹。在汽车零部件供应商和耐火材料生产商的案例中，有明确的采购重点：确保大批量供应安全，同时能够应对市场波动。当供应商具有很高的供应博弈力，而客户只有较低需求博弈力时，供应商往往利用其自身地位优势，按利润最大化原则分配生产力。在这种情况下，供应遇到"瓶颈"同时价格被抬高的局面就成了常态。

对于建筑设备生产商、工程总包公司和光纤生产商而言，情况就不尽相同了。虽然这三类生产商有一些处于不利位置的采购品类，但他们大多数的采购品类拥有高需求博弈力的同时也面临高供应博弈力。在这些公司中，采购专业人士将努力与供应商建立双赢局面。然而在变速箱生产商的案例中，局势再次发生变化。尽管它的采购指纹中也有上述描述的两种定位分布（虽然不太典型），但是采购更集中在那些具有高需求博弈力和低供应博弈力的区域。因此，采购方仍然可以成功地运用传统的杀价方法来议价。

3.2 采购博弈棋盘应用实例

在此我们将以一家建筑设备生产商为例来说明如何在具体实践中成功地使用采购博弈棋盘。此案例可以类推到上述其他六类企业。该建筑设备生产商涉及广泛的产品组合，从小型高空作业车到大型液压挖掘机，其北美、欧洲和亚洲的几十家工厂的产值高达 80 亿美元。该建筑设备厂商的供应商承担了相当一部分的价值创造任务，其在供应商处的采购支出占其营业收入的 60% 以上。该公司分 17 个大类进行采购，如图 3-2 的采购博弈棋盘所示。

在过去几年中,科尔尼公司为该建筑设备生产商开展了大规模的采购优化项目。项目之前,公司内部不同部门和工厂分别相对独立地开展采购工作,偶尔会进行跨部门与区域的协作,但这种协作也仅仅是个案,且仅由个别积极的员工主导。利用采购博弈棋盘,采购部门达到了大幅度且持续削减原材料成本的目的。同时通过建立服务整个集团的采购组织,增强了成本削减的可持续性。

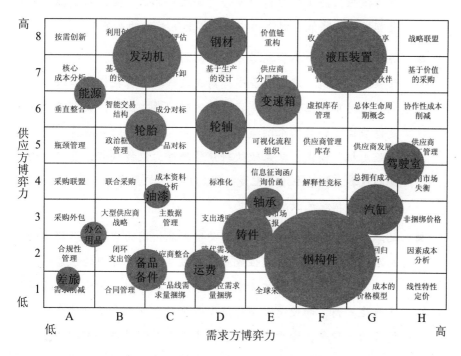

图 3-2 建筑设备生产商的采购博弈棋盘

对于17个采购品类中的5个来说，建筑设备生产商具有相对较低的需求方博弈力。同时供应商的供应方博弈力也较低。这5个品类分别是运费、设备维护、油漆、办公用品和差旅。

- **运费**：从全球范围来看，该公司在货运方面只有较低的需求方博弈力。同时竞争激烈的货运和物流市场供应方博弈力也非常低。可行的办法是在优化价格的同时优化货运航线，这是最有效的手段。此时，可选择的方法是跨单位需求量捆绑和解释性竞标，后者为供应商提供机会提出包含"如果—那么"条件的竞标（如果每英里价格降低，则该供应商获得其他航线的业务）。

- **备品维护**：这个类型包括许多不同的备件提供商、维护维修和运营服务供应商。建筑设备生产商在该领域只有较低的需求方博弈力，同时市场上供应方博弈力也同样较低。因此，最有效的方法是供应商整合与需求削减。此时，令人感兴趣的方法是利用"自动贩卖机"模式，就像软饮料销售那样，仅授权部分员工自由采购的权利，具体手段是配发一张芯片卡，记录每个人的支出开销，仅仅这一招就足以削减需求。

- **油漆**：油漆和表面处理材料是关键产品，因为它们必须符合众多标准，特别是有关耐久性或暴露在极端天气条件中的性能等。因此，该公司的生产系统必须与油漆厂商相匹配。相比汽车及商用车辆生产商，即便是大型建筑设备生产商也几乎没有什么需求方博弈力。但是，由于有相当多的生产商能够提供所需的油漆和表面处理材料，供应商也缺乏供应方博弈力。更换供应商最大的障碍是需要耗费大量时间进行测试。在这种情况下，最好的方法就是使用信息征询函／询价函流程，并标准化采购物料。

- 办公用品：许多企业都可以提供办公用品，激烈的竞争使该品类供应商具有极低的供应方博弈力。最合适的方案就是整合并分析公司需求，增强支出透明度，整合全公司需求，通过电子产品目录实现采购流程自动化，同时也可以实现账单简化。在这种情况下可选择的最好的方法是跨单位需求整合采购和供应商整合（例如，在一个区域、国家甚至全球范围内使用同一家供应商）。

- 差旅：由于各小型差旅中介和大型全球运营商之间的激烈竞争，该行业供应方博弈力较低（汽车租赁公司和航空公司之间也存在同样的残酷竞争）。但是建筑机械行业差旅需求较少，因此其需求方博弈力也较低。所以，全球需求整合与分析带来的节约将极其有限。此时的最佳方法是增强开支透明度（许多旅行机构提供信用卡付款分析），以及需求削减与合规性管理。后者意味着应明确各种商务旅行相应的级别。

对17个采购品类中的另外5个来说，建筑设备生产商博弈力相对较低而供应商的博弈力较高。这5个品类是发动机、钢材、轮轴、轮胎和能源。

- 发动机：就发动机而言，建筑设备生产商具有极弱的需求方博弈力（卡车生产商会购买大量的发动机）。同时，由于供应方博弈力极强，强到有时买方能否采购到发动机都成为问题。此外，发动机也是要求极其严格的品类，新的排放控制法规要求在一定时间内必须更换发动机，由于很多建筑机械设备是根据发动机来设计生产的，在同一代产品中更换发动机供应商几乎是不现实的。适用于此案例的一种方法就是基于采购进行产品设计（针对新一代产品）。为此，我们要确保设备整体设计对不同发动机的兼容性。通过详细的功能评估能够确定发动机中的哪些部件可以不由发动机制造商组装，随后由公司从其他供应商处购买安装。

- **钢材**：在此我们讨论两种钢材：高强度钢和标准钢。对于高强度钢，建筑设备生产商直接与国防产业竞争。后者具有较低的价格敏感度，其巨大的需求量经常给供应商的某些生产流程（如热处理）造成产能瓶颈。而对于标准钢而言，最有效的方法包括规格评估（确定哪些规格是实际需要的）以及供应商分层管理。需要注意的是，该建筑机械生产商购买了与宝马汽车公司同样多的钢材！然而，该建筑机械生产商的每个工厂通过所谓的服务中心独立采购钢材，致使钢材采购通常是小批量进行的。此时可以采用的一种新方法是：与大型钢铁生产商进行董事会层面的讨论，实践证明基于钢铁价格的采购、生产计划的风险管理是一种行之有效的方法。

- **轮轴**：由于建筑设备生产商购买的轮轴数量明显少于商用车/卡车生产商，因此其需求方博弈力一般。轮轴是按照底盘设计的，并且具有一定程度的定制化。由于市场上存在大量轮轴生产商，轮轴供应商本身博弈力也一般，且中国和印度轮轴生产商的产能和技术水平都较强。此时合适的方法主要是产品复杂度简化和流程对标。

- 轮胎：正如发动机一样，轮胎生产也遭遇瓶颈。轮胎供应商产能紧张所以都不愿意为建筑设备以及农业机械生产特殊的轮胎。有时甚至还会出现成品车辆在未安装轮胎的情况下离开装配线的情况。因此，为了保证自身发展，与轮胎供应商签订协议确保需求量得到满足是至关重要的。与此同时，还应寻找有意对新产品开发进行投资的供应商，为公司采购提供更多选择。另外一个保障供应安全的关键方法是对供应商的生产线进行投资。除此之外，还有产品对标的方法，本案例中与竞争对手产品进行对比，分析确定是否可以使用其他轮胎类型（例如，由几个供应商提供的塑料泡沫填充轮胎替代充气轮胎）。为及时应对瓶颈问题，采购方还可以同时采用瓶颈管理这一方法。

- 能源：由于能源市场自由化造成的缺陷，采购方在该领域几乎无计可施。此时的最佳策略是，根据市场普遍情况构建经过优化的、不超过三年期限的合同，这样就可以在市场价格走低阶段受益。工厂同样可以采取措施以防止需求高峰，从而小幅度降低电力开支。

对于 17 个采购品类中的 5 个来说，建筑设备生产商博弈力相对较高而供应商的博弈力处于中下水平。这 5 个品类是钢构件、铸件、汽缸、驾驶室和轴承。

- 钢构件：从结构上而言，建筑设备主要由钢材构成。大部分不需要任何特殊技能的钢结构加工作业（成型和高强度钢焊接除外），长期以来一直被外包给供应商。该建筑设备生产商是行业内最大且排名靠前的企业，对供应商极具吸引力，因而需求方博弈力极高。在世界上所有关键的经济区域，大量供应商都有能力为建筑设备生产商生产钢构件。新的供应商相对较容易符合标准，且质量缺陷便于检出（不需要任何高度复杂的检查/测试设备），因而更换供应商相对较为容易，导致供应商的整体博弈力极低。在本案例中，可以发现客户的供应商格局十分多样化。北美公司主要使用北美供应商以及一家来自墨西哥的集团内部企业；欧洲公司则使用来自西欧与东欧的供应商；亚洲公司主要使用亚洲本地供应商。在本案例中，采购博弈棋盘提供的主要方法是最佳采购地和低成本国家采购（LCC）。在项目初期，使用成本回归分析来确定采购价格偏高的物料与相应的目标价格尤为关键。特别令人感兴趣的是，新的物流方法——寄售库存，有效地确保了交货的及时性，即使是来自路途遥远的供应商的货物也不例外。在一个实际案例中，客户通过寄售库存将10～15吨重的焊接组件通过西伯利亚铁路从中国运往德国。

- 铸件：铸件的情况与钢构件基本相似。主要不同是其支出明显小于钢构件。同时建筑设备产业也与其他产业为争夺铁铸件而进行着更为激烈的竞争。因而，建筑设备生产商的需求方博弈力处于中等水平。尽管全球有无数铁铸件厂商，但是由于许多供应商产品的尺寸与重量存在问题，无法被纳入考虑范围。在铁铸件的案例中，诸如缩松、缩孔等缺陷通常只会在后续加工过程中才会被发现。因此更换铸件供应商并不像更换钢结构供应商那么容易。所以，供应商的博弈力处于一般水平。在项目执行过程中，采购方试图将某些铁铸件品类的采购整合在一起，成为更有吸引力的采购需求，通常采用跨单位需求整合采购和信息征询书/询价书流程的采购方法。

- 汽缸：尽管钢结构主导建筑机械的设计，但液压汽缸仍然是建筑机械顺利运作的关键部件。液压汽缸在每一次抬起或移动重物、开石或碎土的过程中起关键作用。由于特殊的尺寸设计和免受损害与污染的性能要求，建筑设备的液压汽缸市场高度专业化，且该市场上的供应商倾向于只与一家建筑设备生产商保持合作。因此，这唯一的一家建筑设备制造商具有极高的需求方博弈力。

  如果供应商满足建筑设备生产商的要求，且能够提供相应尺寸的汽缸，那么该供应商可以迅速获得某一类产品订单。这表明供应商的博弈力仅为一般水平。但是对于特长或特重汽缸的生产商而言却是例外——这些供应商成功地获得了准垄断地位。

  在采购项目初期，我们采用了价格对标、非捆绑价格以及成本回归分析等方法。将汽缸分解成各组成部件（汽管、汽棒、阀门等），从而提高价格透明度，在现有供应商中直接实现了第一阶段的成本削减。随后，引入低成本供应市场的竞争，特别是来自亚洲的供应商，从而进一步降低支出。

- 驾驶室：驾驶与操作室主要应用于建筑机械车内，广义地讲，农用机械与公用事业设备用车也有类似的驾驶室。对于驾驶室生产商而言，建筑设备生产商的需求力不容小觑，具备相应发展潜力且迅速成长的大型建筑设备生产商自然更具吸引力，因此其需求方博弈力评级相当高。驾驶室联结着机械与需要在里面工作一天的操作人员,因而其优劣极大关乎品牌形象。生产商不会轻易尝试更换供应商,以避免对其产品外观和产品使用体验造成的影响。作为采购项目的一个组成部分,我们采用总拥有成本的方法确定何种驾驶室类型与配置可在获得最大程度营销成功的同时将成本控制在最低水平。此外,供应商发展与供应商适应性管理两个方法可以用来帮助许多供应商改善其生产流程。一年后,供需双方共享由此带来的成本节约。在第二年,建筑设备生产商就能够收获成本削减带来的收益。

- 轴承:轴承的类型不同,需求方博弈力也不尽相同。尽管我们可以在很多国家相对轻松地买到小型号的标准滚子轴承,但是中国和印度两国的轴承生产能力仍有待提高(中国和印度终将成为最佳的全球采购基地)。直径数米的回转轴承采购有时会遭遇瓶颈,或者需要较长的交货时间,换句话说,该种类产品的供应一般都不够可靠。在这个案例中,最主要的方法是对自产或外购进行决策——关键的回转轴承可进行内部生产。

对17种采购品类中的最后2个来说,对比供应方强大的博弈力,建筑设备生产商同样具有相当高的需求方博弈力。这2个品类是液压装置和变速箱。

- 液压装置:粗略地讲,建筑机械的液压装置包括以下部件:
  - 泵,直接安装于建筑机械的柴油发动机上,为液压系统提供压力。

- 阀门和阀箱，调节压力并将压力传输到传动装置。
- 传动装置，与先前提到的液压缸一样是液压马达的必要部分。
- 软管，用于连接上述组件。

移动机械液压系统主要用于建筑机械，因此领先的建筑设备生产商具有较高的需求方博弈力。很大一部分用于建筑机械制造的专业知识都涉及液压系统，而当前只有一小部分供应商拥有该能力。建筑设备生产商非常依赖于供应商有关液压装置的专业知识，从而使供应商具有极高的博弈力。在采购项目中，建筑设备生产商建立了自己的全球液压装置制造中心。他们希望能够发展充足的技术专知，凭借其自身力量制造液压系统，而不是在数十个不同的地点生产基础液压系统，面对供应商时处于劣势。这样就可以将来自不同供应商的组件更加灵活地进行组合。在这个方案奏效之前，采购方公司采用基于项目的合作伙伴及战略联盟等方法，以实现与液压系统供应商的双赢。

变速箱：变速箱主要作用于两个地方——传动系统和建筑机械所有其他功能组件。本采购项目关注的是第二大类（如用于绞盘等的变速箱）。由于只有少数供应商能够满足建筑机械的特殊要求，因而提供这类变速箱的供应商具有相当高的博弈力。同时，建筑设备生产商的需求方博弈力也相当高，他们是采购此类变速箱的主要客户群。在现有市场，新供应商数量很少。亚洲国家，特别是印度和中国，变速箱产能迅速扩大。因此，在此案例中，我们主要采用了产能协同管理和基于项目的合作伙伴两种方法。

通过不断应用采购博弈棋盘，该建筑设备生产商在一个多数物料采购难度较大且价格普遍上涨的市场环境下，大幅度削减了数百万美元的原材料成本。

自 2008 年第一版《棋盘博弈采购法》出版以来，全球范围内多家企业已经通过使用采购博弈棋盘实现了适应全球化标准的品类战略升级改造，这些企业分布于不同行业，包括非酒精饮料、个人电脑、润滑剂、服装、作战坦克等，其中还包括银行、保险等服务机构。

为了进一步推广采购博弈棋盘，针对电脑端和手机端我们分别开发了免费的应用工具，以帮助读者更直观地进行品类定位和策略制定。请访问 www.purchasingchessboard.com，或微信搜索"科尔尼采购与分析事业部"公众号，在"洞悉经典"菜单下点击"采购博弈棋盘"获取更多相关信息。

第4章 采购博弈棋盘®

本章旨在提供应用采购博弈棋盘的指南。采购博弈棋盘中的 64 种采购方法将被逐一地、详细地讲解，并辅以案例进行说明。为了便于对照，64 种方法将按照 A1 至 A8 的顺序排列在棋盘上，如图 4-1 所示。

高	8	按需创新	利用创新网络	功能评估	规格评估	价值链重构	收入共享	利益共享	战略联盟
	7	核心成本分析	基本采购的设计	产品拆卸	基于生产的设计	供应商分层管理	可持续性管理	基于项目的合作伙伴	基于价值的采购
	6	垂直整合	智能交易结构	成分对标	流程对标	产能协同管理	虚拟库存管理	总体生命周期概念	协作性成本削减
供应方博弈力	5	瓶颈管理	政治框架管理	产品对标	产品复杂度简化	可视化流程组织	供应商管理库存	供应商发展	供应商适应管理
	4	采购联盟	联合采购	成本资料分析	标准化	信息征询函/询价函流程	解释性竞标	总拥有成本管理	利用市场失衡
	3	采购外包	大型供应商战略	主数据管理	支出透明化	供应市场情报	逆向竞标	价格对标	非捆绑价格
	2	合规性管理	闭环支出管理	供应商整合	跨代需求量捆绑	自产或外购	最佳采购地	成本回归分析	因素成本分析
低	1	需求削减	合同管理	跨产品线需求量捆绑	跨单位需求量捆绑	全球采购	低成本国家采购	基于成本的价格模型	线性特性定价
		A	B	C	D	E	F	G	H
	低				需求方博弈力				高

图 4-1 采购博弈棋盘®

为提供进一步帮助，本书最后还将提供采购博弈棋盘插页供您使用。

A1 需求削减

如果完全不需要采购，那将是什么情景？在21世纪，其实很多间接物料都可以被淘汰了。现在基本所有工作都能够在电脑上完成，所有的通信也可以通过SAP或者电子邮件进行，无纸化办公并非遥不可及。面对日益上涨的能源价格，我们总希望员工不用出差就能完成工作，以此削减公司差旅成本。现代通信科技已经允许我们通过视频设备与世界任何一个角落的同事或客户面对面会谈，效果几乎与面对面会议相同。

每当提起需求削减这个概念时，在很多领域通过设计合适的策略，我们能想到更多削减甚至淘汰某些间接物料采购的方法。在公司内进行良好的沟通并采取系统性的实施方案，能有效地降低能源成本，并且这些举措不会对员工或者公司运营造成任何损失，例如，关闭之前整夜不关的电脑、暖气调低一度、冷气调高一度等，另外办公用品（纸、笔等）一直以来总是容易被员工拿作私用，公司对其使用也很少加以限制，如果采取一些简单的手段监控办公用品使用的话，便能很大程度上改变这一情况，而且这些手段基本不需要后续跟进。如果公司清楚地知道哪个员工拿走了什么办公用品，无形中员工对于办公用品的使用就会更加自觉和规范。

需求削减的核心要素是：

- 树立成本意识并建立相应衡量标准。
- 完善与简化审批流程。

- 增加低成本替代产品的使用机会。
- 减少使用频率。
- 限制需求的范围。
- 降低购买量。
- 淘汰对于不必要产品的需求。

如果完全应用这些核心要素，就能将这一手段的潜力最大限度地发挥出来，即使仅仅应用其中的几点，也足以带来有效的成本削减。然而，成本削减的思想并不一定符合某些企业现有的文化理念。对于这样的企业，统一的变革管理就成为值得关注的成功因素，包括在更为广阔的范围内对需求削减进一步沟通和解释，共同研讨现有措施的意义，一齐寻找可能存在的其他管理措施。

> **案例分析：一家全国零售企业削减保洁服务支出**
>
> 该零售企业执行了一项大规模的成本削减计划，需要对其全国12个分销中心的保洁服务进行分析，主要关注的问题有以下几个：目前提供的服务是什么类型，处于什么水平？这些服务由内部完成还是外包给第三方？每个分销中心的工作模式是否一致？一致或存在差异的原因是什么？
>
> 采购项目小组通过审核保洁服务的需求，寻找削减需求的机会，最后提出三项建议举措，预计能够实现显著的成本改善：
>
> （1）标准化所有分销中心的需求，贯彻缩减方案。

- 针对需要完成的保洁服务的种类和工作量制定合理的最低要求，将其落实为书面文件并获得各分销中心经理的认可和批准。
- 根据不同分销中心的规模等级和员工数量设定具体的需求变量。

（2）根据修改后的服务内容和需求重新进行采购，为保证服务水平，将全国各地所有保洁服务外包给同一家服务供应商，并确保服务价格具有竞争力。

（3）采购总部为所有分销中心建立一套统一的评估标准，监测供应商绩效表现。

采购小组建议的方案大幅削减了保洁服务的需求内容。项目组经过多次调整、反复检验，最终确定的方案既能满足全国各地保洁最低需求，又能满足各地分销中心的特定保洁需求。比如说，当各地分销中心需要采购额外保洁服务时，必须上报总部审批，项目组为此设计建立了一套标准流程。最终，该企业与某一家保洁服务供应商签订了针对其全国分销网络的服务合同，实现了15%～20%的成本节约。在项目过程中，各分销中心对保洁服务的成本意识也得到了提升。

A2 合规性管理

如果企业内部的产品用户根本不从相应的供应商处采购，那么此前认真谈判合同内容赢得的成本削减又有什么意义呢？由于缺乏透明度，职责界定不清，或是仅仅因为缺乏激励措施，导致框架采购协议未被利用，产品用户更倾向于优先考虑从更有关系的本地供应商处采购。

合规性管理就是以解决上述问题为目的的。管控流程的一个关键就是起草详尽而细致的文件，以不合规报告的形式，监控发生在首选供应商范围以外的采购及各类不合规现象。

如果需要在选定的优先供应商名单以外采购，作为一个规定流程，产品用户就需要完成这一报告。在如下一些特定条件下，不合规行为也是可以被批准的：

- 首选供应商提供的产品和服务范围无法满足公司采购业务需求时。
- 首选供应商无法满足的一些特定、短期采购需求。

在合规性管理施行之初，通常10%以内的不合规都是可以容忍的，再高的偏差就容易引起不良反应。一定时间以后，容许的范围就可以降至3%，甚至为零。为完全达到公司签订合约和协议的规定，我们需要注意以下几点：

- 公司内部必须清楚地沟通和传达采购方确认的首选供应商名单，产品用户必须明确知晓现有协议及其首选供应商。
- 采购流程的设定需要能够预防因疏忽造成的不合规现象。例如，不允许产品用户向首选供应商以外的供应商下订单。相似地，限制可以从各供应商订购的产品目录，这种情况在办公用品的采购中十分常见。
- 采购流程的设定对于产品用户应当是高效且简单实用的，产品用户才会自觉遵循，而不是迫于管理层压力被动遵守。

- 合规性管理指导方针的施行必须辅之以正向的（或是负向的）的激励机制，激励机制应同时针对产品用户以及为满足内部客户需求而提供服务的采购人员。

归根到底，合规性管理需要高级管理层树立榜样，明确目标，厉行合规性原则。

案例：某化工企业着力解决合规性问题

要让公司每一个相关人员都严格遵守公司的采购流程和合同协议永远都不是一件易事。人们通常会和自己的供应商建立起关系。而当公司出于对相同产品和服务的价格考虑，与新供应商签署合约时，一些人便拒绝遵守。这类情况就发生在该化工企业。公司与新的临时人力派遣公司签订了合同协议，而员工却依然继续同原有的供应商合作，以他们个人的意愿雇用劳务工。甚至在一次内部的总结汇报时发现企业旗下的一家工厂同时与70几家临时劳务派遣公司保持合作。

合规性管理有很多种方式。其中的一种就是在董事和部门经理的全力支持参与下重新制定订单流程。以该化工企业为例，采购和人事部门被任命为协调内部临时人力需求方与外部人力派遣公司的服务中心。企业内部的需求方将需求告知服务中心，由服务中心来选择合适的人力资源供应商。这样企业内部的用人需求方就不能直接从自己倾向的供应商处雇用临时劳务工。事实证明，这一合规性管理流程的运作顺利且高效。但无论采取怎样的合规性管理方式，项目成功最重要的一个因素就是确保新供应商的质量优于原有供应商，或至少与原供

> 应商相同。
>
> 　　最终，该化工企业淘汰了这一工厂 70 多家劳务派遣供应商中的 50 家，带来了一年数百万美元的成本削减。

A3　采购外包

　　我们看到越来越多的采购外包已经不单单局限于客户服务和薪酬发放，而是涉及更多直接影响公司创造价值的业务流程。事实上，采购也已经加入了可以被外包的范畴。在企业决定将采购业务外包之前，需要考虑以下两个核心问题：

- 企业需要的服务是什么？采购外包的合作供应商往往提供针对一系列交易活动的完整服务，包括物料采购，订单发票核对，采购金额代付，最优化合同与现货采购，库存管理（托运），采购需求管理，采购数据管理与标准化。外包甚至涵盖采购战略问题，例如采购战略制定和成本削减实施等。

- 什么样的物料或是服务比较适合采购外包？适合外包采购的物料或服务通常是大量公司或多个行业通用的，经典例子就是非生产物料和办公用品。虽然在这个高度竞争的市场中存在大量的供应商，但由于采购数量有限，采购方的议价能力通常很小。通过整合所有客户的需求量，采购外包的合作供应商能够从供应商处拿到更优越的价格和条件。与此同时，多个企业订单的统一整合也会帮助企业大大削减流程成本。

企业采购职能（或是部分职能）外包需要从以下四个步骤准备和实施：

第一步，评估采购外包的可行性。明确企业内部采购成本，并与外包供应商产生的管理成本进行比较。企业内部采购的可行性评估需要建立在历史数据的基础上，而外包采购可行性的评估则直接依据未来供应商的报价。针对两种采购方式所带来的节省企业采购成本的潜力也需要进行判断。由于集聚效应及由此带来的显著增强的博弈力，外包采购的成本节约潜力往往较高。任何外包采购与否的决议都需要得到企业高级管理层的审批通过。

第二步，确立采购外包的业务模式。起草服务协议合约，包括业务目标和各方职责，规划采购流程。

第三步，转交采购流程给外包供应商。物料数据，采购要求，供应商信息和货品规格参数也都需要进行交接。在实施过程中，所有合约都需要重新签订。对于旗下有多家办公生产场地的企业，项目实施通常需要12～18个月的时间。

第四步，持续性管控外包供应商。必须建立良好的机制来评估外包供应商的绩效，快速处理业务中可能的冲突。

通过采购外包，企业不但能够享受采购博弈力提升带来的价格优势和管理成本削减，还能最小化自身供应链的风险。除此以外，采购外包也能使企业从采购日常事务中抽身出来，更多地专注采购战略问题。

除了明确定义内外部采购的职责分配外，采购外包还清晰地定义了外包供应商的服务范畴，这也是极其重要的。

第 4 章　采购博弈棋盘®

案例分析：某国际知名金融企业重整外包模式

某国际知名金融公司的采购支出高达数十亿美元，他们希望通过加强采购职能降低成本、提升风险管理能力和服务水平。该公司选择与一家拥有丰富经验的外包专业机构开展合作，调整、完善内部的采购职能。

该公司管理层最后决定除了某个战略品类外，其他采购职能统统进行外包，这个决定不仅涉及日常采购运营、全球各分支机构共享的业务等，甚至包括某些战略层面的业务。最后这一大型商业流程外包（BOP）项目涉及了采购策略、供应商谈判、品类管理、采购到付款流程等。

经过三年的项目实施，该外包机构已将这家金融公司在全球各地大部分的分支机构采购支出纳入其管理范畴。公司管理层认为，此时应雇用另一家第三方机构来对该外包商的服务及成果进行评估，并给出相应的改进指导建议。

最后评估机构对第三方外包情况评估结果如下：

- **外包采购实践与企业战略重点背道而驰**：外包的采购职能无法适应公司在不同国家的具体发展战略，造成在某些国家的分、子公司操作实践与其在该国的总体发展重点背道而驰。

- **各地的利益相关方参与度较低**：虽然该外包项目受众面很广，利益相关方的参与度却不太理想（有些甚至比从前更低）。究其原因，最主要的是外包商无法取得相关方的信任，无法完全理解企业内部文化以及该公司在全球范围内复杂的业务形态。

- **全球一体化模式的局限性：** 在全球范围内一刀切的外包模式在某些业务规模较小的国家显得水土不服。这些海外分部的利益相关方往往将外包商视作对本土采购团队的威胁。

虽然该商业流程外包商在采购实践、流程设计以及过程管理方面有着丰富经验与雄厚实力，然而在与客户内部各利益相关方打交道时却显得有些沟通不足，在服务遍布世界各地业务，尤其涉及需要多头协调、共同决策的采购项目时尤其如此。该金融公司决定重新审视外包业务，重新规划并调整升级与这家外包服务商的运营合作和商业模式。

这家金融企业最终决定将其品类策略重新纳入内部管理范畴，以此改善采购职能与终端市场和各相关方的沟通质量与效率。

A4 团体采购组织

需求方博弈力比较小的厂商可以联合起来，整合采购需求，实现成本削减。这些厂商大都已经将自己部分产品的采购业务外包出去，尤其是那些不在公司价值创造核心环节的业务，以此将企业采购资源更多地分配到战略性问题上。在采购联盟中，各企业基于长期协作的目标，建立一个正式的联盟体系。如果联盟协作管理得当，厂商可以取得5%～15%的成本削减，在一些极端案例中甚至可以达到50%。

采购联盟的作用远不止如此。各厂商可以共享商业分析员、基础设施等资源，为实施更加成熟完善的采购战略创造了条件，即使对于采购量很小的品类也同样适用。采购联盟的目标设定与参与企业的规模密切相关：

- 地理位置相近的小型企业可以协作整合，从一家供应商处采购高技术含量的物料，或是在非生产物料的采购上赢得更有利的协议条款。
- 中等规模的企业可以在优先采购区域共同努力开发和审核供应商，共同分担相关成本。
- 大型企业可以集合原材料采购量，通过专业第三方在国际市场统一采购，取得最有利的协议条款。

依据目标设定的广泛差异性，多种多样的采购联盟需要在以下几个维度进行区分：

- **参与公司规模**：区分是实力相同的合作伙伴联盟，还是小型和大型合作伙伴之间的协同合作。
- **地理位置**：确定是否需要组成地域集群，或者该采购联盟是否要向各个区域的公司开放。
- **采购品类**：采购联盟是只专注一小部分品类，还是应该涵盖实际采购联盟成员的所有需求？
- **角色与责任**：从根本上区分采购联盟职责，是只负责开发供应商（可能包含采购主体合约谈判），还是需要更进一步，负责联盟成员的订单管理。

- **各方利益与公司战略：**科尔尼研究发现，81%的企业与自身所处行业的伙伴建立了采购联盟。

采购联盟的成功很大程度上依赖于组成成员挑选得适当与否。联盟成员一定要具有相似的商业理念和协同合作的意愿。由于采购联盟下的协同合作可能会给大部分公司带来企业文化上的改变，尤其是在启动之初，高级管理层的大力支持是必不可少的。采购联盟的规模也要在可控范围内。虽然采购联盟是通过采购量整合来获得竞争优势的，但仅由几个成员组成的小规模采购联盟却往往能动性更高，更加有效。因此我们的注意力应该更多地放在采购联盟的排他性建设上。不管采购联盟的法律结构如何，应当有一个对联盟各方保持公平的个体来管理。因为管理人需要确保内部成员的利益均衡，对外沟通立场一致，联盟管理的规则与制度（如采购原则和决策流程等）必须在联盟形成的初期被确定下来。

案例分析：成功的采购联盟案例

成功的采购联盟案例有很多，例如：

- TOMCOM（The Technical Operating Marketing Company，技术运营营销公司）就是由Bell Atlantic，Nynex，US West New Vector Group，和AirTouch Communications等几家公司，以改善手机等设备的采购为目标而成立的。

- 旧汽车在4S店或是其他汽车厂商认证的分销处，更换零部件和维修通常都会非常昂贵。在德国或是其他欧洲国家，这一情况促使很多独立的汽车维修店或是分销公司共同建立起亲密的合作关系网络。由于这些公司的需求量很小，它们很难以合理的价格买到足以满足各类维修需求的零部件。这一制约，促使很多相关公司在很早就开始整合采购需求，成立了各种各样的采购联盟，其中一些联盟还会存在相互间的竞争。

- 采购联盟的概念甚至还深入到了政府部门采购中。例如，早在几年前，澳大利亚就着手成立了独立的"联邦采买机构"，整合政府各部门层级的采购需求。

A5 瓶颈管理

无论公司与供应商之间的合作时间有多长，或者两家公司的相关部门之间的合作关系有多紧密，瓶颈问题迟早都会发生的，即使是关系最好的供应商也不例外。供应瓶颈发生后，企业往往陷入繁忙的问题调查工作中。然而，首先要做的应该是详细地调查事故的起因。是什么原因导致了瓶颈？难道真的仅仅是由于不幸的巧合打破了生产计划吗？还是存在一些随时可能再度发生的系统缺陷问题？

为了防止未来的供应瓶颈，第一步也是最重要的一步——对现状进行详细的分析。完成分析后，通常会发现该瓶颈问题只会影响少数几个关键的采购部件。未来的采购战略的核心目的是尽可能在供应市场上获得更多的行动自由。

首先，瓶颈管理可以采取以下三种短期措施：

- 建立有针对性的项目管理,重点关注问题部件。
- 实施短期的供应商替换(侧重发展和测试可在短期内通过审批的供应商资源)。
- 派遣一些员工到供应商处,每日获得最新的交付预估,并确保与内部的及时沟通。

中期而言,可以采取更为直接的措施:

- 更换零部件或去掉一些规格变量。
- 进一步调整供应商,组成以获得更多差异化的供应资源。
- 关注新的发展趋势和新的技术,减少对老技术的依赖。

为了避免供应瓶颈发生,可采用以下三个长期建议:

- 开发与当前供应商能力相当的其他供应商。
- 识别那些当前并未完全达标,但是可以采取措施进一步提升的供应商。
- 建立双重供应来源(在采购关键的部件,同时使用两个供应商)。

案例分析:帮助化工企业摆脱瓶颈

在生产润滑剂的过程中需要用到一种合成基础油,而生产和销售这种合成基础油的供应商很少。规模较大的一批供应商已经通过兼并收购完成纵向一体化整合,很少有业务仍然保持独立的公司。如果更换供应商,对润滑剂厂家而言意味着高昂的转换成本,而其最终产品又需要保证一定的利润水平,所以采购企业一直都乐于维持现状。整个行业在经历了一次全球供应危机后才开始意识到供应形势可能变得很糟糕。装置故障、原料短缺以及日益增长的需求为企业敲响了警钟,特别是那些还未实现纵向一体化的企业。

其中一家企业在这次供应危机中及时与供应商展开合作,试图缓解这一局面。他们与供应商对不同原料品位分别进行库存盘点,随后根据产品的重要程度、买方在短期内重新开发替代配方的能力,对现有供应方案做了相应调整。同时,两家企业还向终端客户发表联合声明,安抚市场情绪,避免发生恐慌性抢购。

这家企业在此次突发供应危机中没有延误任何客户订单,但他们以此为鉴,开始进行供应的瓶颈管理。在较短时间内,该企业针对日常生产计划和最低库存水平建立了透明度管理,供应商(不论是否驻厂)和采购企业分享此类信息。双方通过交流技术和制造领域的资源,共同开展一系列活动,来缓解制造过程中可能出现的各个瓶颈环节,并将产能逐渐转移到一些关键的品类上进行集中重点管理。立足于长远的未来,该企业开始与供应商分享市场情报和不同情境下的业务增长计划,供应商可以基于这些信息提前规划额外产能、保障原料供应。

A6 垂直整合

资本市场试图控制由企业规模扩张所带来的风险,并且关注企业的核心竞争力。在此推动下,垂直整合的力量在过去几十年里普遍下降。这一策略可以成立的基础是市场上有可靠的供应商、生产力在不断提高,以及相应的产品价格在不断降低。

然而事实证明,上游市场的多变使得垂直整合又成为趋势。仍然有机会通过垂直整合的方式获得原材料的生产厂家,比起没有整合上游的对手,垂直整合使得企业可以在市场上拥有更强的竞争地位。因此,许多行业又开始了垂直整合,企业又开始收购供应商。垂直整合的首要目标是获得短期产能和稀缺资源。在特殊情况下,垂直整合的动机也可能是为了得到预期的技术性竞争优势,或者获得新客户群的能力。除了这些主要影响以外,垂直整合也可能带来有关交易、物流和经销特许权方面的利益。

除了确保收购在商业上是有利可图的,我们必须始终牢记,收购一个供应商同时也意味着接收其客户。因此极有可能的是,按照循环方式,收购方也将成为其自身竞争对手的供应商。如果这种变化导致其竞争对手停止采购,那么被收购的供应商可能会被迫失去其业务基础。

案例分析:钢铁生产企业垂直整合铁矿

通常来讲,钢铁有两种制法:高炉冶炼和电弧炉冶炼(EAC)。高炉冶炼主要使用铁矿石、废钢、焦煤及合金,而电弧炉冶炼主要使用废钢。生产每吨钢铁大约需要消耗1.7吨铁矿石。

目前,主导世界市场的铁矿石三大巨头分别是:巴西淡水河谷、力拓集团以及必和必拓。在市场需求旺盛的时候,这些公司便哄抬价格,几年前趁着经济强势上涨,铁矿石价格在很短的时间内翻了一番。幸好,这些大的供应商还不能完全垄断市场,有些小规模的供应商也能在部分地区提供个别含铁量较低的铁矿石。

有的钢铁企业开始尝试通过收购矿产资源满足自身的生产需求。一家大型钢铁企业收购了一个铁矿，其出产的铁矿石可以解决这家钢铁企业70%的生产需求。从公司层面来看，这样的模式能够保证原材料相对稳定的供应，具有价格优势。对于钢铁企业，这意味着丰厚的收益，因为在经济上行期间，其铁矿石成本不会随着供需平衡的变化而发生巨幅波动。在以往原材料价格走强的时期，该钢铁企业不得不为购买原材料支付高价。

一家俄罗斯钢铁企业在创业初期就采取垂直整合策略，现在自产的铁矿石甚至已经超过了其自身钢铁生产的需求量。

A7 核心成本分析

什么是便宜的车？如果10年前向一个欧洲工程师提出该问题，那么答案可能是：价格不超过2万美元的汽车。今天，这个问题的答案可能是：价格大约1500美元的Tata Nano。

不同的答案来自生产企业使用的不同的方法，常用的方法是密切关注成本最低的竞争对手。Tata则从不同的角度提问：一辆汽车必须满足的最低要求是什么（例如，将4个人从A地运送至B地，途中不受坏天气困扰）？

核心成本分析策略也是同样。该策略的第一步就是从头开始了解产品必须满足的基本需求以及理想的生产条件下需要何种成本结构，而不是不断尝试不同的方法来逐步削减产品成本。分析结果通常是低于实际成本40%～60%。接着，第二步是回答以下现实的问题：

- 客户愿意支付哪些额外的功能呢？
- 哪些是必要的风险管理措施？
- 哪些是实际可用的生产流程？
- 哪些供应商是可以获得的？

即使是做了以上让步，其成本仍然低于当前产品成本的20%～30%。这一策略对现有架构提出质疑，并且要求全新的思维方式。因此，采购专业人士就成为推动这一流程的理想选择，因为他们可以通过与供应商之间的密切联系接触到各种备选解决方案。

案例分析：通过核心成本分析降低某控制单元的采购价格

某世界领先的工业控制元件的生产商从销售与市场营销部门收到的投诉日趋增多，投诉其基础产品线竞争力不够。由于其产品管理与开发部门未能提供任何令人信服的推动力，采购部门成为削减成本的希望寄托。采购部很快就清楚地了解到，在给定的规格要求下，使用传统方法根本无法实现成本削减。于是采购部决定采取更为全面的核心成本分析法。

销售与产品管理部门共同召开一系列研讨会，以确定客户愿意接受的最低要求。从研讨会中产生的各种想法令人印象深刻：

- 取消双控开关；
- 仅保留两个连接线中的一个（而并非两个都选）；
- 取消 DC 连接线；
- 取消服务接口；
- 取消多余的总线端口；
- 采用更细的导线；
- 采用更简单的插头；
- 取消额外的防腐蚀功能；
- 采用一块面板来代替两块；
- 冷启动能力转移至系统水平。

结果，核心成本缩减为原先成本的 35%。管理和销售部门对此十分满意。通过共同努力，大部分策略被用于批量生产中。因此，基础产品线已经恢复到其预期的现金牛地位。

A8 按需创新

受专利保护的供应商对采购方而言是特殊的挑战。传统的采购战略无法应对此类供应商，他们可以对其提供的产品任意开价。对采购方而言，简单地忽略供应商拥有的专利保护，转为自制或者由另外的供应商进行生产，是一种应对专利产品采购的备选方案。然而，这个方案会带来大量的昂贵的专利诉讼。因此，采购总监越发热衷于四处寻找备选方法来替换受专利保护的供应商。其中一个策略是"按需创新"。这一表述起源于俄罗斯，以 TRIZ 为基础，是一种主张"创造性解决问题的理念"。TRIZ 利用创新思维的基本经验法则，提供丰富的系统性问题解决工具。

解决问题的按需创新模式包括以下四个步骤：

- 评价具体技术问题：将技术系统分解到最小的元素，且将各元素之间的功能性关系用图表进行描述。这种功能分析模式侧重于评估技术系统能产出的最终结果或最终产品。所有其功能元素则按照功能级别进行划分，以代表该元素功能与最终产品或者最终功能之间的距离，同时功能评级也考虑到有用和有害功能之间的平衡性。如果某个功能元素与最终产品提供的功能更接近，其功能就更有用，那么该元素的排名就越高。

- 将专门的技术问题转变成普遍的科技问题：从功能排名最低的开始（如用处最少的元素），系统性地取消这类元素。由此产生的技术体系的矛盾就变得清晰可见，因为这样可能会产生普遍的科技问题，例如：如果没有了这个元素，那么如何继续实现其有益的功能？或者剩余元素如何才能取代已取消元素来继续提供其有益的功能？

- 搜寻普遍性科学解决方案：矛盾是系统性地被解决的。要做到这一点，必须首先通过系统方法在更广泛的科学领域来寻找潜在解决方法。由此，一系列创新想法油然而生——其中的一些对于被取消的元素而言还非常奇特。这些想法从本质上而言非常普通，从执行范围来说十分宽泛。在这个阶段，至关重要的是，绝对不能过早放弃任何初期概念。换句话讲，备选方案的全面性是需求创新的一个重要基础，这样才能确保尝试采取一切可能的解决方法。

- 将普遍性科技解决方案转化成专门的技术解决方案。此类采购项目的最终目的是进一步将初步概念发展成为具体可行的技术解决方案。为做到这一点，必须与各公司相应职能部门的负责人进行深入讨论，对初步概念进行评审。在讨论和评审过程中可以广泛参考研发人员、产品经理、市场营销，当然也包括采购部的各种见解。（在这个阶段，阻力并不少见。因此，为获得最佳解决方案，强大的领导力十分必要。）通过仔细分析，我们可以从中获得几十个初步概念。随后，这些初步概念转变成可商业化的理念，其中大部分具备申请专利的资格。一项典型的需求创新采购项目，从启动到产品的商业开发，需经过三四个月。

此类采购项目的结果有多种用途。一些公司借此类项目来建立其内部的关键能力。大部分公司则使用备选方案作为与现有供应商谈判的筹码。在某些案例中，公司不仅能够通过创新需求解决受专利保护的问题，而且还用更为便宜的部件来代替价格昂贵的部件。

案例分析：某法国汽车供应商规避专利壁垒

针对某个采购项目的内容，采购小组与采购总监讨论产品系列是否应包含组件A。采购总监建议需慎重决定："最好是单独采购组件A。据我所知，该供应商已经在欧洲、日本和北美为组件A申请了专利。到目前为止，这并不会给我们带来什么影响，因为组件A只用于小批量产品的生产。然而，这类产品的销售量与日俱增，且最新的市场预测显示，明年的销售前景更为乐观。这就意味着我们对此供应商的依赖会越来越强。因此，我们迫切需要采取行动以防止事态朝着不利于我们的方向发展。"

于是，该采购小组特别咨询了一名专利律师，该律师提出了一些备选方案。"基本上有以下几种可能：我们可以对该专利提出质疑，理由是该专利侵犯了现有专利。然而，是否能够找到这样的一个专利很值得怀疑。此外，如果提起诉讼，可能会拖上好几年的时间。而且在诉讼期间，供应商极有可能会故意设置各种困难。另外一种方案是，可以选择规避专利壁垒。此时，不得不绕过至少一项专利声明。换句话说，必须要对组件 A 的某项关键特性做重大改变。然而，这个改变必须具有技术驱动力，也就是说所作修改必须能改善产品功能等。对组件进行单纯的"外观"修改永远不可能在专利法庭上获得更多胜算。

根据这些信息，采购小组集思广益，共同商议各种解决方案：

- 我们需要有人对组件 A 做功能性分析，鉴定其存在的缺陷，并制定更新更好的技术方案。
- 你的意思是要在汽车行业另找一个供应商？
- 不，我不认为我们能在行业内找到替代的解决方案。每个与我们的业务线相同的厂家都需要组件 A。我们真正需要的是一种全新的看待事物的方法。因此，最佳办法就是利用来自科学界专业人士的专业意见。
- 或许我们可以邀请俄罗斯科学家参与。我听说曾经为航空航天部门工作过的某位科学家现在正为某私营产业部门的产品创新提供服务。

为落实上述想法,采购小组开辟了全新的视野,迅速展开网络搜索,并且很快就找到了有关俄罗斯科学家和工程师的网上信息。俄罗斯小组确实令人印象深刻,他们不仅具备广泛的行业经验,同时也能有条不紊地解决各种问题。他们的目标不是要拥有更多发明,而是将已经被证实有效的方法和新发现从一个行业转至另一个行业。科学家们解释说,发明对于行业来说,具有极其不确定性。因此,俄罗斯小组开始对组件 A 展开研究。他们迅速完成了功能性分析。结果令大家惊讶的是,科学家们居然在组件 A 中找到了不少于 53 个缺陷,而且这还不是全部结果。又过了 8 个星期,其中一个俄罗斯科学家又提出了 20 个替代当前设计的备选方案。这 20 个备选方案均满足以下标准:

- 它们在经济和技术上都是可行的。
- 它们都没有侵犯组件 A 的专利。
- 它们都对组件 A 有大幅度改善。
- 它们都可以单独申请专利。

这些备选方案都可以用来与现有供应商进行谈判。这样做会在短期内带来成本节余,但是并未从根本上解决受专利保护的供应商的问题。因此,20 个备选方案中的某些方案被用于内部研发,直至可以批量生产为止。但是,引进一个成功的备选方案可能带来的潜在利益是很难提前评估的。

B1　合同管理

如果没人熟悉合同的内容，即使是最好的合同也没有多大用处。这种现象常会出现，尤其在大型集团公司，某一个公司签订了一项合同，但是集团内部其他人员却对合同内容一无所知。合同管理的目的是要对公司内部现有合同透明化，以及合并现有合同，从而使所有内部客户都能从更优的合同条款中受益。

合同管理必须严格遵守以下基本规则：

- 合同必须适用于所有集团公司：合同应包含一项条款，说明各条款适用于集团所属的所有公司。

- 合同内容必须方便获知：最佳办法是通过公司的内部网络。这样集团的成员有相应权限获得合同信息。

- 产品用户和使用第三方服务的内部用户必须知晓新合同的储存位置。这种做法的必要性虽然看似显而易见，但是，公司通常集中管理合同，尽管总部领导可能对合同管理现状非常满意，但是没有引起其他人的关注也会使得整个系统无法运作。为了纠正这种情况，集团必须制定适用范围广泛的信息管理政策。

- 产品用户、使用第三方服务的内部用户必须能够方便使用内部网络，这意味着用户能够直接获得访问权限，无须经历烦琐的程序，或者复杂的系统操作培训。

- 系统的实施必须方便用户使用：仅仅集中简化主协议是远远不够

的。系统还必须具备搜索功能,且包括自动通知信息更新的功能。

- 必须具备反馈功能:当采购人员开始大规模使用该系统和主协议时,他们应当可以给予反馈和提出建议,而无须经过任何烦琐程序。否则系统将不可能被产品用户和使用第三方服务的内部用户所真正接受。

案例分析:银行使用"APP"进行合同管理

一家跨国银行在其下属的采购服务公司引进并建立了一种创新的合同管理流程,目前已经在其17个国家的分支机构投入使用。

该流程的好处在于,所有的合同都在同一个平台上,对于采购部门和提交需求的部门来说都很方便获取。事实上,流程非常便于用户使用,相对于合同管理平台,它看上去更像一个开发得很好的APP。

合同中的品类都是标准化的,从IT合同,清洁服务到媒体合约。当一个新合同被添加到系统中的时候,它会被自动地保存在"新合同"的区域,并且自动发送给所有用户,所以大家都可以随时掌握合同的更新。

每一张订单(PO)在被录入时都必须包含一个合同编码。只有系统中有相关合同编码,那么相应的订单才可以被执行。如果系统中没有相关合同编码,就需要将合同上传到系统中。在没有相关合同的情况下,订单是无法被执行的。

这家银行最终将其年度采购支出降低了10%。

B2 闭环支出管理

在过去几年内,许多公司都大幅度地加强其采购管理力度,有些取得了显著的成果。然而,采购成果的可持续性常常达不到人们的期望。闭环支出管理提出了整体管理方法,以应对相应情况下出现的"价值破坏因素"。

采购部门通常只对较小部分的价值创造流程产生影响,这也是他们所面临的挑战。比如在购买直接物料的案例中,只有在技术部门确定技术规格之后才会开始采购环节。采购部门在选择供应商、签订合同的时候具有一定的回旋余地,但是对后续流程的影响力不大。此外,缺乏足够的透明度,包括不清楚需求规划是如何制定的、何时下了订单、何时完成收货以及付款。

闭环支出管理的目的是通过价值创造流程来优化支出管理,为公司创造可持续的价值。在针对特定品类所作的分析中,我们确定了潜在的价值破坏因素(不够完善的支出管理、需求管理、用户和供应商履约管理、支付管理和流程成本管理),初步制定了具体措施。

成功的企业已经建立闭环支出管理体系,以作为采购部门责任范围内的一项端到端流程。这意味着采购部门除了可以获得所需信息以外,还被授权与产品用户、使用第三方服务的内部用户以及其他职能部门沟通以实施必要措施。

案例分析：某工业集团应付账款管理

I 作为一项重大采购项目的一部分，该企业采用了闭环支出管理以确保获得持续性的成本节余。其中包括详细分析应付账款。特别关注了供应商开具发票的时间、付款账期、支付条款是否与合同要求一致，以及实际支付时间等。结果，发现许多情况下的支付条款与合同约定有偏差。例如，汇款有时候是在到期日前15天汇出的，却没有获得任何现金折扣。

II 随着机器学习、先进的数据可视化及大数据管理技术和手段的不断发展，支出魔方已经从以往的一次性静态手动报告工具演变为可自动更新、可实现动态分析的引擎。我们利用这些前沿技术为采购职能的长期转型提供支持。运用高级的数据整合技术，从多个ERP系统中提取和比对支出数据，然后采用先进的机器学习算法将这些数据进行标准化及分类。机器学习还可以通过创建规则和自动学习对未来新增的支出数据和其他系统数据进行自动标准化和分类。灵活的自动化流程的建立，使得品类专家能便捷地介入到持续的数据分析与机会验证中。最后，各利益相关方可以通过交互式的在线仪表盘和自助式报表获取各类支出数据。这些可视化数据报表不仅能用于梳理和分析支出数据来识别机会，还可以在未来为追踪成本节约举措的进展和收益提供基础数据。由此，采购迎来了机器学习的应用时代。

B3 大型供应商战略

有时，我们会发现两个不同的部门之间拥有价值数百万美元的共同业务，但是他们却并未认识到这一点。当买方与供应商的关系由两个部门分别处理时就会出现这种现象——比如：采购行为是在本地进行的，而且供需双方相对于其总公司来说都是独立的利润中心。如果这些利润中心不以集团名义开展业务，且采购量分散于许多不同的产品群组中，仅仅想知道实际业务量有多大都是不小的挑战。

如果这些合作关系未能得到双方集团管理层的实时监控，要想在采购层面实现任何真正的优化是很难的。正是这种困难才使得应用大型供应商战略变得十分必要。在向大型的、有众多职能部门的供应商（简称大型供应商）进行采购的时候，通过将采购量透明化，实现从多对多的关系向一对一关系的转变。

创建大型供应商战略的第一步是要确定双方共同利益，包括确定每个品类对大型供应商的依赖程度，识别与每个品类相关的特殊诉求。这些特殊诉求可能涉及各个方面，从降低成本的紧急需求到产品创新要求等。作为交换，采购方应向大型供应商展示未来业务发展的种种可能性，包括失去一个有声望的客户所带来的损失，或者高速的销售增长。

在进行内部磋商之后，客户的高层应该与供应商的高层会面。如果准备完善，会议的结果往往会对购买方有利。

第4章 采购博弈棋盘®

> **案例分析：某国际造纸商的大型供应商战略**
>
> 某国际造纸商几乎在世界所有地区都设有造纸厂。该集团总部一再试图整合电气设备与自动化技术领域内的大批量产品品类的采购需求，但是由于部分工厂缺乏兴趣而最终未能成功。面对原材料价格的日益上涨，这些工厂不想再为诸如备件价格或小型投资项目的"琐事"费心。
>
> 然而公司总部坚持要在集团范围内建立一套采购信息系统，并将此作为高优先级事项处理。经过多次反复，终于获得了惊人的结果。在所有生产基地的17个品类中，某一领先的电子和自动化技术公司突然成为该集团最大的供应商之一。过去三年，虽有波动，但从该供应商处采购的总额不低于5亿美元。
>
> 获得了该信息并准备了希望讨论的事项之后，该造纸厂的首席执行官会见了供应商的首席执行官。其实他们早已在达沃斯世界经济论坛会上相识，当时两位执行官就政府投资的重要性进行了激烈的讨论，随后又在鸡尾酒会上分享了两人都钟爱的音乐类型。但是，在那个时候，他们都没有意识到自己是对方公司的前10大供应商和前30大客户！

B4 联合采购

联合采购是指各家公司之间进行合作，在采购市场上共同运作。除了可以获得更好的合约条款，联合采购还利于集中合作伙伴的采购经验，以便满足不同项目的特殊需求，其中保证供应安全往往是最重要的目的。

联合采购通常采用横向集中的联合模式，例如，共同致力于同一大型项目的竞争者们通过联合采购达到整合采购量的目的。参与公司间不需要给予特殊的信任，只要参与各方共同贯彻所实施项目的目标就足够了。

从组织角度来讲，可以设想各种不同的联合采购类型。一种有前景的方法是协调内部与外部的采购经理，让他们在项目过程中互相协作、征询彼此的想法。这使得不同专家可以分别关注项目的不同模块。

> **案例分析：石油与天然气行业通过联合采购提高购买力**
>
> 石油与天然气行业是基于项目的联合采购的领先者。由于在新项目上有巨额的投资，石油管道与平台公司进行基于项目的联合采购以增强购买力。主要的石油管道公司，如 South Stream Nabucco，需要通过联合组织来采购，因为其分散在各国的子公司只有通过紧密合作才能保证最终在每个国家都能获得较为一致的采购条款。企业并不是利用联合力量以提高购买力的唯一群体。欧盟也计划在加勒比海区域建立汽油采购联盟。

B5 政策框架管理

欧洲电信业与航空旅行市场的管制放松带来了难以想象的竞争与低廉价格。如果没有相应的管制措施，该供应市场的采购者依然会处于谈判的劣势地位。

与此类似，通过取消进口关税（比如从亚洲进口钢材）可以打破区域垄断。如果发现非法联盟或价格同盟，那么独立的公司可以向反托拉斯组织报告它的质疑。同样，在供应商施行并购计划之前，公司也需要与反垄断管理当局进行密切合作，目的是为了避免供应方过度集中的局面（从而导致的供应方实力过强）。供应商也经常试图建立自己的技术标准，从而限制客户的自由度。因此，客户必须及时采取行动，将供应商的这种企图扼杀在萌芽状态。

公司通常对政策的影响力不是很强。因此，公司需要确切了解自己的目标，并通过与产业协会进行沟通，朝着这个目标努力，动员其他具有相同观点的公司制造媒体影响力。如果正确运作，政策框架管理可以像其他战略一样改变供需平衡。

案例分析：从中国购买稀土

稀土或稀土金属对于生产"绿色"产品来说至关重要，无论是电力或混合动力汽车，还是风力发电设备，再或者到人们日常使用的电脑、手机和平板电脑等。这些稀有的金属包括元素周期表中的17种化学元素，即15种镧系元素再加上钪和钇。确保获得这些金属对于很多行业来说至关重要。

中国是世界上最大的稀土金属产地，几乎占据了95%的全球产出。2009年，中国开始减少对稀土的出口。截至2010年，出口额已经比2009年降低了40%，于是人们开始担心未来的出口会更少。由于中国减少出口，稀土的价格飞速增长，几乎超过10倍。一些政府开始与中国政府进行谈判，为了获得采购稀土金属的优先权，并且讨论改变出口限制。拥有了采购优先权的国家和企业将会获得非常显著的竞争优势。

B6 智能交易模式

当市场波动剧烈时，谨慎起草合同至关重要。一份好的合同可以成为重要的竞争优势，在供给匮乏时能够确保资源供应，为企业发展提供保障。同样，在原材料价格高涨的情况下，合同可以避免采购预算超支。

起草合同框架时，首先要确定风险。这包括确定公司暴露在多大的风险中（例如，可能受影响的销售收入、成本或净收入比例），以及这些影响因素的可控性。风险分析是制定目标的基础。

如果目标是"保证在预算期内的计划确定性"，那么可以采用风险对冲的方法。公司可以根据其风险偏好采用不同工具。其中最重要的三种是：

互换（swap）——固定价格，不随市场实际价格而变。

上限（cap）——市场价格波动时，只设定价格上限；如遇价格下跌，公司可充分获益。

双限（collar）——确定价格范围，价格可以在这个范围内随市场波动变化。

上述所有风险对冲工具拥有一个共同点，即它们只能推迟，却不能阻止因原材料价格长期上涨带来的影响，这样做自然也会增加成本。然而，采用航空燃料风险对冲的航空公司能够比竞争对手保持更稳定的经济地位。要应对原材料价格的长期上涨，就有必要再次借助智能交易合同来将更高的成本转嫁给供应商或客户。

如果"保障供应"是基于风险管理的目标，在具体执行时需要比风险对冲更具创造力。起草一份能够在紧缺市场上保障供应的合同并非易事，因为需要充分结合保障性与灵活度。合同内容还必须包括可靠的滚动需求预测，为供应商提供未来需求量的透明度。起草这类合同时，必须回答以下问题：

- 如果提前预订的话，应该采用何种价格模式？
- 确认/取消/推迟预定的时间跨度分别为多长？
- 在何种条件下可以取消/推迟预定？
- 进行"滚动"预测时采用何种担保？

案例分析：使用价格公式实现钢材的间接采购

有一家跨国石油企业向科尔尼公司提出需求："在进行钢材采购时，我如何做到在保证有力管控的同时，又能以较低的价格采购？"我们一开始觉得问题有些棘手，主要挑战在于：尽管这家石油企业使用大量的钢板和线材制品，虽说不到全球需求总量的1%，但仍然十分可观。但这家企业并非直接采购，而是由造船厂或EPC（工程、采购和施工）公司代表该石油企业采购用于造船或基建项目的钢材。这些造船厂或EPC企业一般通过投标从这家石油企业承接项目，他们对项目中使用的钢材均有不同的定价模式，并能有效规避钢材市场的价格波动。对于石油企业来说，由于项目执行期间的钢材市场价格波动无法预知，一开始就在合同中锁定价格往往不切实际。科尔尼与该石油企业合作，为其开发了一套智能交易结构的工具箱。目前，该石油企业在所有项目中都运用了我们为其开发的部分工具，而对其他工具有选择地使用。

- 套期保值：该企业以智能交易模式选择性地通过套期保值锁定钢材的远期价格，确保整个施工周期内不会出现不利于采购方的价格变动。
- 钢材价格公式：基于被普遍认可的原材料指数设计一套公式，追踪包括钢材、焦煤、废钢等的市场价格指数。该石油企业使用这一公式来计算钢材价格，并要求所有造船厂和EPC企业在项目竞标时使用该公式进行定价。

因为所有造船厂和EPC企业均基于同一公式进行投标，这些结构化的智能交易模式让这家企业的评标过程更加公平，成为采购职能在管理非直接采购品类时的强大管理工具和评估标准。

B7 基于采购的设计

　　绝大多数的供应商垄断是由客户自己造成的。根据科尔尼调查，在所有只有一家供应商能满足客户要求的众多案例中，有2/3并非因为供应商的专有技术，而是客户自己的行为造成的。

　　这种"客户导致供应商垄断"现象一方面是因为部门目标偏离了公司整体战略。例如，研发部门通常只会为创造近乎完美的产品而不懈努力。

另一方面，生产部门则主要关心精益的组装流程。而采购的目的则是以最低的价格向尽可能少的几个供应商进行采购。就各部门自身而言，他们的目标都是完全有效的，但是当各部门目标整合在一起时，却有可能使公司濒临破产。

聪明的供应商利用各部门的不同目标，为公司量身定制特殊的解决方案，从而尽可能多地获取开发与生产方面的专业知识。几年之后，客户就会完全依赖于该供应商。

为防止此类情况发生，必须进行跨专业合作。首先，必须确定供应商提供的物料是否会对最终产品产生差异化影响。如果不是，那么该物料可以由标准工业件取代。如果是，那么解决方案通常会更加复杂，并且要求在内部建立开发能力以重新控制这一流程。随后，制订一个解决方案，至少与当前的方案在满足终端客户期望方面达到同样的效果。同时，这个全新的解决方案必须能提供更大的自由度以掌控卖方市场。

案例分析：某起重机生产商意识到过度依赖供应商得不偿失

在十年前的销售低迷时期，某起重机生产商被迫将其相当一部分的生产外包给供应商以降低成本。在这个过程中，起重机技术的某一核心组件——位于伸缩汽缸上的锁定装置——也找到了外包的机会。（该锁定装置机构可以使大型伸缩吊杆式起重机仅使用一个汽缸就能移动所有的吊臂）生产伸缩汽缸的供应商非常有兴趣承接锁定装置的生产，并获得了相关合约。

锁定装置的外包生产完全实现了预期目标。生产部门受益最多，

> 因为不仅免去了劳动密集型的锁定装置装配工作，供应商甚至还将锁定装置预组装成一个独立元件，与伸缩汽缸一起供应。同时，这样也可以削减开发人员的费用。
>
> 在接下来的几年时间内，供应商不断改进完整的伸缩汽缸和锁定装置系统，甚至还申请（且获得）了几项专利。因此，起重机制造商现在已经完全依赖于该供应商了。经过几年的蓬勃发展，该起重机制造商想要重新取得主动权并利用其他汽缸制造商的竞争来获得更具吸引力的采购价格优惠。然而，制造商必须下大力气去恢复、更新他们几乎已经完全丧失的锁定装置的专业知识。幸运的是，公司内部开发锁定装置的一名关键员工仍然在职。

B8 利用创新网络

一个公司有多少员工参与创新？销售额为 10 亿美元的中小型公司平均拥有约 50 名核心员工参与研发。这样规模的公司同时与 200 家核心供应商合作。只要让每个供应商的一名开发人员进行创新，那么该公司的"智囊团"规模就能迅速扩大到原先的 5 倍。

这是创新网络的基本理念。当竞争压力高且工程师供应不足时，创新网络就变得更加重要。这样做的收益显而易见：成功进行创新管理的公司拥有更强的盈利性增长。供应商是构建创新网络的最佳起点，因为他们了解公司需求，同时具备行业经验。除了供应商，创新网络通常也包括客户、竞争对手、研究机构、市场研究员、商业顾问和以前的雇员。

在公司内部，创新流程不仅涉及研发与采购部门，同时还包括许多其他部门，如市场营销、公关、销售和分销商、生产、质量、前沿动向调查、客服以及公司高管。

因此，创新网络可以为企业发展提供新的技术理念。这些理念能帮助公司摆脱对供应商的依赖。高效的创新网络需要以下几个必要条件：

- 创新必须作为公司整体战略不可或缺的组成部分，自上而下进行激励。
- 必须明确界定创新战略与研究领域（书面形式）。
- 对创新思维的接纳必须成为公司文化的一个支柱。
- 促进密切合作以及内、外部联络。
- 必须积极管理创意来源。
- 必须形成一套规范，在全公司范围内对生产、产品技术进行高水平的标准化与再利用。
- 必须系统化地追求目标，有组织地从经验中学习。
- 必须使用人力资源工具整合创新资源。

创新领先企业采用结构化流程来评估创新理念。在这方面，有几点被证明非常成功。首先，系统化利用所有创新构想及其来源。对创新构想进行仔细预审，以避免占用不必要的资源。同时，必须在短时间内（大约6周）对每一个创新构想做出反馈。为确保在评估过程中快速做出可行的决定，需要引入一个特别的治理结构，而网络技术对此会很有帮助。

> **案例分析：在宝洁，创新源自生活的每个细微瞬间**
>
> 宝洁是一家全球500强的跨国公司，总部在美国。宝洁公司每年有826亿美元的销售额，并且是财富500强企业中最受尊重的排名前5的企业之一。宝洁公司的产品涉及许多领域，并且有很多创新之举。宝洁公司的商业目标"让顾客的生活更便捷"激发了很多创新的产生。宝洁公司利用广泛的渠道来获得新想法，包含企业、创业者、政府实验室、合约实验室、研究机构、财务机构、行业专家、供应商和学术机构。宝洁还是e-R&D网络的一员，这个网络是由InnoCentive.com，NineSigma.com，Yet2.com 和 yourEncore.com 等网站组成。每一个创新想法都必须满足以下一个或更多的标准：
>
> - 能满足一个重大的，且未被满足的客户需求。
> - 能为现有的宝洁品类或品牌提供新的收益。
> - 能带来一个成套的解决方案。
> - 是一个被证实有效的技术，而且可以迅速用于满足宝洁的消费者需求。
> - 能提出一项改变游戏规则的技术或方法。

C1　跨产品线需求量捆绑

"我们这是疯了吗？"据德国《经理人杂志》报道，面对五花八门的后视镜和三角皮带轮，以及多达27种不同的制冷单元时，德国一家高端汽车主机厂的 CEO 发出如此感叹。其实这绝不是一个特例。对于研发工程师而言，与其在现有的零件中找到一个勉强能用在新车型上，还不如干脆从零开始设计一个全新的。

然而，在这方面宝马并不是唯一的例子。很明显，对于研发人员来说，从头开始设计一个新零件要比寻找一个现有零件为新产品配套轻松得多。此时，人类天生的创造独特新事物的野心显然在这个例子中起着非常重要的作用。

然而，在不同产品线上使用相同的零件的做法也是有道理的。规模效应的好处显而易见：更低的零件价格、简化的物流运输以及更高效的维修等。唯一的问题是如何才能切实可行地对各产品线进行捆绑。

最简单的情况是同样的零件已经被用于多条产品线，但采购价格却不同。此时，可以容易地获得潜在成本节约。但通常各种组件仅仅是功能相似，在性能、尺寸、连接部位等方面都不同。因此，对于当前产品线而言，只能实现零散的、小规模的成功，而且即便是这样的小规模成功，也需要全力以赴的跨职能联动。

真正的跨产品线捆绑需要有长远规划的观念，包括针对各模块、平台与组件间的共享性制定清晰的战略。一旦这些观念得以树立，所有产品开发项目都必须按照新的指导方针开展。

案例分析：某主要整车制造商的平台战略

大众汽车的平台战略是跨产品线整合的一个典型成功案例。20世纪90年代 Ferdinand Piëch 开始在大众集团掌舵。当时，大众汽车正面临盈利与质量的双重问题。Ferdinand Piëch 认定问题的根源是技术的高度复杂性。他提出的对策是平台战略。为了避免每次开发新车型都从头开始，汽车各个组件从根本上被分成两大类别：客户看到的（"帽子部分"）和客户看不到的（"平台部分"）。"平台部分"约占成本和研发投入的 60%。平台战略的理念旨在一次性地对平台部分进行充分开发，然后把很多不同的"帽子部分"组装在"平台部分"的上面。结果，大众品牌的 Golf、Jetta、Touran、Eos、Tiguan、Scirocco 和 Beetle；斯柯达品牌的 Octavia、Yeti 和 Superb；奥迪品牌的 A3、Q3 和 TT；以及西亚特品牌的 Altea、Leon 和 Telodo 等均使用了同样的平台。

平台战略的好处不仅在于降低成本。由于生产量大，可以选用质量更好的组件，从而提高汽车的整体质量。这个方法也大大减少了产品开发的时间，新车型进入市场所需的时间大约只有过去的一半。从那以后，大众汽车公司又进一步深化了平台战略的应用，但该战略基本思路一直保持不变。平台战略不仅从整体上对汽车行业进行了改革，同时也被其他许多行业所采纳。如今，甚至一些软件公司也会提到他们的"平台战略"。

C2 供应商整合

我们经常会发现这样一种悖论，很多公司通常依赖某一个拥有垄断力的供应商为其提供关键物料，却同时与众多提供标准物料的供应商保持采购关系。采购方必须采取行动以扭转这种局势。如果非关键物料的供应商太多，则会过多占用公司资源，分散对于重要问题的注意力，甚至导致最终无法很好地控制制造价格。因此，供应商整合最重要的就是淘汰小供应商而转向较大型或具有战略意义的供应商，通过规模经济来获得成本降低。同时，系统中需要维护的供应商数据的减少也会带来成本降低。供应商整合的步骤包含在基础的采购工具箱内，且由以下几部分组成：

- 收集至少80%采购支出的相关数据（谁向哪些供应商采购了什么？）。
- 充分利用现有供应商与新供应商的竞争。
- 与有兴趣的、合格的且具有竞争力的供应商进行谈判。
- 根据客观公正的评判标准来选择未来的优先供应商。
- 有计划性地逐渐开展与上述优选供应商的合作。

上述措施的成功首先取决于对接受新供应商的开放程度，以及放弃原有习惯做法的意愿（例如，倾向于维持高知名度，处理的事情少收费却很高的供应商）。

案例分析：商业打印业务获得急需的整合

　　一家领先的供暖行业的制造商在欧洲拥有5个生产基地以及大约10个销售办事处。此公司使用30台不同的商业打印机来印刷手册、产品目录以及其他营销材料。即便是与总生产基地在一个屋檐下的公司总部的营销部门也使用了两种不同的打印机。

　　公司建立了一个新的采购部门，指派了一个采购主管负责营销与

> 广告材料的采购，并且在欧洲范围内进行了一次涵盖企业所有采购量的竞标。营销总监在初期对此持有怀疑的态度："采购不理解我们的需求也不懂得打印的质量。"在供应商谈判与访问之后，30台打印机被削减成了3台，公司也同时节省了30%的打印预算。采购部与CFO都很满意。那位营销总监呢？他变成了一个彻底的支持者，这是因为版面设计和颜色编码终于在所有国家得到了统一。

C3 主数据管理

没有人会明知故犯地将房子建在沙地上。然而，许多公司的主数据管理却处在类似的状态，极其令人担忧。基于不可靠的主数据库上建立的所有系统、评估、采购战略和开支节省报告就如同是建在沙地上的房子一般不牢固。

采购需要从数量众多的子系统中获取数据，以汇编关于供应商、供求因素、支付条款与价格的综合信息。因此，无误差的主数据管理成为采购数据透明化的一个先决条件。主数据管理包括材料与供应商数据的标准化分类，使主数据与订单系统保持连贯一致，避免随意的订单格式。

许多公司在这个流程中面临相当大的挑战。主要是因为数据管理通常被局限为单纯的行政管理。如果公司是通过并购方式组建的，主数据的结构往往没有标准化。

这些挑战都可以通过主数据管理解决，特别是对于在零配件清单中未列出的物料，这包括了间接材料中的润滑油、职业健康与安全类物品或备件等。

优化主数据的第一要务是审查数据质量,包括确认维护的数据的覆盖范围、数据的详细程度、系统中非活跃数据的数量,以及在多大程度上确保各个数据系统的协调性。接下来是分析分类系统、品类数据的详细程度,和适当的品类解决方案。在创新和智能工具的协助下,分类排序和结构调整过程包括了以下内容:

分类系统:

- 品类的限制;
- 引入可持续性和可理解的逻辑;
- 避免特定部分的间断;
- 避免"杂项"这一分类;
- 明确品类的区分。

物料的主数据:

- 所有物料与服务的分类;
- 电子采购目录与分类系统的关联;
- 供应商与物料组的关联。

订单:

- 避免用随意的格式输入订单;
- 要求用户使用有效关键字对订单进行分类;
- 手工审查订单。

最后，我们要分析和定义数据的管理流程，包括数据的分类、删除、修改等，同时需要分析和定义各项数据管理职能与职责，为开支透明化、采购管理与可持续性的成本降低奠定基础。

> **案例分析：改善一家快速消费品制造商的主数据管理**
>
> 这是一家主要通过收购进行业务扩张的公司，长期以来都只是以控股公司的身份来运作，所以收购完成后的整合也只局限于财务报表的合并。在拥有了逾40家公司的时候，该集团的高层决定转型为一家高度整合的工业企业，以推进下一阶段的增长。在此背景下，集团下属的不同公司间的开发、采购、生产与物流等职能将被逐步合并。
>
> 管理层也意识到，该步骤实施的首要前提是建立一个完善的数据库。在没有外部支持的前提下，该公司在内部网上建立了一个分类系统。此后，40家公司的高层管理人员被要求将主数据的分类作为其日常工作的重中之重。该集团的COO首席运营官要求各公司的高层管理人员每周提交进度报告。仅四个月后，该集团的主数据质量就足以和世界上任意一家公司媲美。在此坚实的基础上，该集团着手开展采购项目，实现了数百万美元的支出节省。

C4 成本资料分析

通常，在谈判将要结束之际，买方会提出付款条件、奖励协议和折扣率方面的要求，借此希望能从供应商那里再争取一些小的额外优惠。然而，这些优惠在获得后通常没有被利用，要么是因为集团内部采用了不同的协议，要么因为透明度较低。

在这种情况下，对成本数据进行全面分析可以提供帮助。通过"成本资料分析"，对可获取的内部采购产品与服务的数据进行分析可带来潜在成本节约，而且其潜力往往远超出预期。具体的步骤包括：首先从不同的角度对成本数据进行分析，然后找出内部数据库中大量类别之间的相关性或规律性，最后将这些类别归类成数据串，形成关联。例如：

- 在供应商与品类之间比较奖励协议；
- 在供应商与品类之间比较折扣率；
- 在供应商与品类之间比较付款条件；
- 在供应商与地点之间比较交货条款与时间；
- 在产品线和供应商之间比较不良品率；
- 在不同供应商之间比较产品磨损和产品使用寿命。

案例：包装物料生产企业开展成本资料分析

对瓦楞包装生产企业来说，印刷油墨和上光耗材非常关键。为了保证产品的辨识度，提升企业形象，客户们通常对色彩的要求非常高。因此，全球范围内几家顶尖供应商均对其色彩和上光耗材的配方守口如瓶。

一家在数十个欧洲国家设立工厂的包装企业曾对其墨水和上光耗

> 材采购价格做过详细的调查。他们发现，同一家供应商对销往不同所在地工厂的同类耗材定价存在 10%～20% 的价差。在比对该供应商与不同工厂签订的价格折扣、商务条款后，该企业分析发现，供应商针对位于不同国家的工厂，即使是距离其分销仓库同等距离的两处工厂也设定了差异化的销售方案，对一些地区提供免费运输，而对另一些地区按重量额外收取物流费用。通过与这家供应商的谈判，该包装企业争取到了对所有下辖工厂同等的合同条款，这意味着每千克耗材实现了 5%～20% 的成本节约（具体节约比例取决于不同型号油墨和上光材料的价格）。

C5 产品对标

对于技术复杂性不高的产品，产品对标分析法可有效降低成本。其重点关注对象是产品规格与制造流程。一个经过反复验证有效的产品对标流程可分为四步：

- **找出有可比性的产品**：首先是找出并获取竞争对手的类似产品。有必要对销售、研发、客户以及供应商进行访谈以识别出竞争对手的产品。同时，也应该对竞争对手的产品目录进行评估。这样我们就可以得到相关竞争产品的清单。

- **评估竞争产品**：在研发和制造部门的协助下，对各个产品进行对比。对每个产品的功能、技术、易用性、规格与尺寸是否合规等进行评分。在这一阶段淘汰未达到内部要求的产品。

- 对现有产品和替代产品进行招标：邀请供应商对现有产品及合适的替代品报价。作为招标过程的一部分，将竞争对手可能采用的设计方案告知供应商。除了现有的供应商外，引入新供应商对于针对替代品的招标尤为关键。

- 结果分析：最后对结果进行分析并找出潜在的成本节约。基于方案的可行性与收益潜力，对每一种替代品进行优先级排序，同时确认优先级高的替代品的下一步实施步骤。

产品对标的好处在于，只需较少的工作量就可以对市场上存在的不同替代品进行快速的比较。采购、研发、销售和供应商的参与非常重要，但这应该控制在一定的时间范围内。只要确定供应商能够提供类似竞争对手的产品，一般来说可以快速实施产品对标的成果。产品对标应该在新产品开发的一开始就进行，这样能及时落实任何必要的设计修改。

> **案例：采用产品对标分析法为某起重机制造商采购配重块**
>
> 配重块是起重机一个非常重要的安全组件。通常，配重块的规格只会涉及尺寸和重量。配重块历来都是由铸铁制造而成，所以对于材料没有特别烦琐的规格要求。
>
> 通过产品比较分析，该公司找到了一种很有吸引力的替代品：由废料和水泥填充的焊钢箱。进一步的分析表明：在原材料价格上涨的时候，这样一种钢、废料、水泥的组合可以有效节约成本，并且同时符合所有的规格要求。

C6 成分对标

想必每家公司都非常想知道竞争产品的内部到底隐藏着怎样的秘密，这样就可以把自己的产品打造得更为完美来赢得客户。然而，由于缺乏相关资源与知识，很多公司很难对一个产品及其成分进行必要的分析。成本对标的理念旨在挑选出一些竞争产品，送到几家供应商处进行专业的检验。这些分析通常全面详尽，能揭示一个供应商的制造成本信息。最后形成"拥有最优制造流程的最佳供应商的最好产品"的成本模型。

该方法适用于组成成分较多（但并不过于复杂）的产品，同时有足够多的现有和潜在供应商能够参与到成本对标分析流程中去的情况。

该方法的关键成功因素是项目团队的组成。这个团队应同时包括技术和商务两方面的专家。成本对标分为七步执行：

① 与供应商就实施方法达成共识：首先，基于供应商的产品组合、技术水平和竞争力，找出（除现有供应商以外的）潜在供应商。采取必要的激励手段，调动供应商的积极性，参与到成分对标流程中来。这些激励手段包括：技术信息的交换、更多的业务机会或者建立新的业务关系。对每个供应商应有针对性地采用定制的激励手段以获得最佳效果。同时，事先就方法论、任务分配和期望值与供应商进行沟通也很关键。

② 识别恰当的竞争产品：建立内部程序来判断适合做成本比较分析的竞争对手产品。根据功能兼容性，挑选并采购最适合的产品。

③ 编制标准化的成本计算表：成本计算应包含的因素有材料、成分以

及其他加工步骤。

④ 由供应商完成问卷：将成本计算表和竞争对手产品发给参与分析的供应商。请供应商分解每个产品，就各成分以及该产品涉及的制造流程进行评估。这个关键步骤结束后，供应商将完成对问卷的填写以及针对每个产品与其成分的报价。

⑤ 评估报价：仔细对比不同供应商给出的报价。如有任何不相符之处，需立即与供应商进行沟通。只有这样，报价才具有真正的可对比性。

⑥ 识别潜在成本节省机会：基于供应商提供的报价和详细的成本计算表，采购在现阶段可识别如下三阶段的成本节省：

- 在现有的产品配置下，针对每个产品找出报价最低的供应商。
- 采用价格最低的成分对产品重新配置。
- 确认最低生产成本。决定每个产品配置的最优生产成本。最终，找出原有产品的成本标杆，即"优中选优"（最好的功能和最低的制造成本的结合）。

⑦ 实施目标成本：最后，在供应商的协作下，落实目标成本。每个供应商都会得到其报价与目标成本接近程度的反馈。除此之外，识别并且讨论产品配置、制造流程层面的改进机会。

成本对标是一种针对可比竞争产品的较为可靠的分析方法。此方法可以帮助发现大量且可实现的成本节省机会，并可直接通过与供应商的谈判进行落实。

案例：汽车后视镜的成分对标

在说服了四家供应商后（两家是现有的，两家是新供应商），一家汽车制造厂商决定在汽车的后视镜上通过成本对标进行采购优化。由来自工程与采购领域的人员组成的团队决定从直接竞争对手处和低成本国家的竞争对手处分别选取两种产品开展项目。

成本计算表包含了以下构件：镜罩、铰链装置、调节钮、底座、镜框和镜面玻璃。对每个构件，都明确了零件与材料的规格。供应商需要提供两个层面的成本信息：第一，构件层面，零件采购、人力、材料、设备负荷；第二，产品层面，包含开发过程的管理费用。该厂商还与这四家供应商召开了联合研讨会，以确保供应商能准确理解工作流程。

几周后，工作组得到了有关潜在成本节省、最优功能以及成本最优化生产流程等方面的分析结果。竞争产品间的细微功能差别也得以识别，并从财务角度进行了评估。接着，该制造厂商与每个供应商进行谈判，并给出有针对性的反馈。通过此次成分对标，总计识别出了27%的潜在成本降低机会。具体的机会包括：镜罩5%～10%，调节钮15%～25%，镜框5%～15%，镜面玻璃25%～30%，其他间接成本30%～35%。

C7　产品拆卸

小男孩对拆散他们的新玩具车乐此不疲，为的就是能看看玩具车是如何动起来的。在详细分析竞争产品的时候,研发人员会去做类似的事情。在产品拆卸的过程中,产品被彻底分拆到最小的组成部分。产品拆卸是分析竞争对手产品的常用方法,于20世纪60年代由一群想知道欧洲汽车和照相机是如何工作的日本企业所建立。在使用产品拆卸方法时,所用材料、零件及其成本是关注的重点。这样就可以找出竞争对手所采用的最佳解决方案。

产品拆卸法包含三个步骤:

① 技术差异分析:首先,产品被分解成各个单独的零件,并被准确无误地贴上标签以识别供应商信息,从而进行分类。然后详细记录公司自有零件与所拆零件之间的差异,如尺寸、重量与设计方法等。

② 技术改善的可能性分析:基于步骤①的结果,下一个目标是寻找潜在优化方案。将一切重要的待改善项目汇编成详细列表,并审核技术可行性。

③ 识别潜在成本优化机会:跨专业团队对步骤②所确认的各个待改善项目进行探讨、评估,并且提出修改建议。然后对这些修改建议做具体的技术验证。最后,实施这些改善建议。

> **案例:某洗衣机生产商的产品拆卸**
>
> 科尔尼利用产品拆卸的方法,为一家领先的家电制造商的洗衣机产品开展战略采购项目。项目团队从市场上的20种洗衣机中挑选了15种用于产品拆卸,并且对总共60个不同的零件进行了详细对比。针对这些零件,项目团队进行了精确的称重和测量,对使用的材料进行测试,

记录了生产厂家的型号,并针对产品设计进行了分析。

这些对比为后期的改善计划奠定了基础。例如,通过对比,我们发现一种特制零件可以用标准零件进行替换。而且仅仅是对零件的称重就有很多有趣的发现,比如对比发现所有竞争对手的洗衣机滚筒都是在0.6公斤至0.9公斤的,于是将洗衣机的滚筒重量从1.3公斤减至0.8公斤。借鉴最优设计,项目团队对洗衣机的控制单元和排线也进行了改动。最终,我们帮助客户在材料成本上削减了2000万美元,而洗出的衣物依然和以前一样的干净!

C8 功能评估

在手机提供的所有功能中,一般用户会用到几项?再比如像微软Excel那样的软件,其所提供的功能有多少被使用?这些功能有哪些真正为一般用户创造价值?如果没有这些功能,一般用户会怎么做?若手机或电脑软件中没有包含这些功能,这些用户会愿意额外花钱购买这些功能吗?在很多时候,我们被太多这样的功能所包围。考虑到由此产生的超额成本,有必要对每个功能进行详细评估。

功能评估需要工程、采购、制造、销售等部门组成的跨职能团队共同参与。整个流程包含了五步:

① 识别功能:首先,将产品分解为不同的功能组与零件,并识别各自的功能。

② 对各功能命名：接下来，对所有识别的功能取一个有意义的名字，名字应包含两个描述性的词语：一个主动动词和一个可度量的名词，两者形成的词组应能清楚地描述与说明每个零件的重要性，例如："防止腐蚀""定位零件"或者"吸收振动"。

③ 对功能分级：功能可以分为四个级别，即基本、重要、支持与非支持，确定每个功能的级别。

④ 成本—功能比率的价值评估：计算成本—功能的比率对识别有待改善的项目十分重要。零件及其功能都被列在了评估表上。在每一行上都有对零件、功能与成本之间关系的评估。然后将所有的列相加得出总成本。

⑤ 找出潜在改善点：以下是确定零件优化的一般规则：（a）如果产品成本主要用于完成基本或者重要功能，则该产品可视为成本高效。（b）如果成本主要用于支持功能，则不必改动基本产品概念便可以实现成本降低。（c）针对非支持功能，可实现最大程度的成本降低。

以上流程能帮助企业识别出潜在的成本降低机会以及设计一系列的改进措施。同时，仍然需要对基本和重要功能进行评审，以便识别出合适的替代解决方案。

案例：一家汽车制造厂的功能评估

许多在美国度假的欧洲人都常常惊讶于大量的当地年轻人竟然能买得起福特野马车。在知道价格之后，他们愈发惊讶：一部全新的福

> 特野马标价仅为 18 000 美元。"功能评估"能解释这一现象。在开发阶段,甚至在福特野马的原型车完成之后,专家仍然会评估车的每个功能,更确切地说是对各项功能进行严格检查。其中,对引擎罩(塑料组件,乍一看很像引擎)就做了这样的评估。引擎罩有什么功能?事实上其支持功能极小,更多的是提供包括美观在内的非支持功能。而如今,也只有气缸盖上的螺纹孔能表明原本有个部件曾装在这里(引擎盖已经由于功能评估结果而被取消)。福特野马在美国这个主要目标市场,以及其他国家的大卖证明了"功能评估"的价值。

D1 跨单位需求量捆绑

在北美与欧洲,许多公司采用利润中心加业务本地化的原则搭建组织架构。这些公司通常都非常成功,所以这一原则看似没有缺陷。

然而,从我们的咨询经验来看,当各区域业务部门获得过多的自主权时,大量潜在的成本节省机会都会被忽视。同样,利润中心意味着要对盈亏负责,这也就使得各个利润中心不得不承担起所有的采购任务,因为原材料采购总额在营业额中占据相当大的比例(一般超过了50%)。这种思维方式导致市场中出现了过多的平行运作的低级别采购组织。在很多情况下,不同区域业务单位所采购的产品非常类似,有时甚至就是从同一个供应商处采购的。

要找出潜在的成本降低机会,首先,应与各业务部门的采购员沟通,找出各单位在质量及数量方面的确切需求。接下来,汇编必要数据,起草联合招标书。将招标书发放给所有现有的以及新的供应商。理论上，这些供应商有能力为多个单位同时供货。随即，所有相关单位统一进行供应商谈判。有一点十分重要，要事先确认哪些单位主导谈判，哪些单位只是担当辅导与支持的角色。执行谈判的任务不一定要委任给采购量最大的单位，而应给最善于谈判的单位。所以，首席谈判代表应该是一位精通技术同时掌握供方市场行情的当地采购人员。

在许多案例中，跨单位寻找潜在成本降低机会的项目到后来会演变成以主导采购人员为核心的组织架构。在这个案例中，首席谈判人员由先前的非正式职能转化成为正式的组织角色，担任起跨部门的采购职责。这些职责可能只会局限于简单的市场研究，也可能包括完成主要合同协定甚至负责所有订单事宜的职责。

> **案例：一家包装制品企业的纸张采购**
>
> 一家生产酸奶杯盖和瓶子标签类产品的世界领先软包装制造商依照严格的利润中心原则管理着分布在世界各地的逾50家企业。各个企业单位看起来好像经营领域和业务侧重点都不尽相同，比如产品类型上就有纸制品、塑料制品或是铝制品的区别。但仔细研究就发现所有的单位都会购买大量的纸张，因为在众多各类型的层压板结构里，纸张会跟塑料和铝一并使用。
>
> 需求量捆绑的第一步是统一各部门所使用的术语，以更好地掌握整个公司的纸张消耗量以及使用的纸张类型。紧接着，该企业对全球的供应市场进行了仔细的分析，以了解各个供应商所能提供的产品范

围。因为供应市场已经历过一次行业整合，所以有几家供应商是可以提供较多的产品类型的。之后，企业开始准备联合招标书，制定联合谈判策略，并由采购部与工程部门任命最合适的谈判代表团队。通过整合需求和在市场上的联合运作，该企业挖掘出一批具有实力的新供应商。其中，最具吸引力的是一家高度创新并拥有先进生产设备的中国造纸厂商。这家中国供应商顺利地通过检测。即使考虑到从中国进货的额外物流成本，这家中国供应商还是提供了超过 10% 的总成本降低。当然，如果没有跨单位需求量捆绑，这家中国供应商是不会对个体单位的小批量定购感兴趣的。

D2 跨代需求量捆绑

所有的公司都可以进行捆绑采购，即使只有一种产品、一个单位地点。也许有人会问：这可行吗？答案是：跨代需求量捆绑。该方法的实际应用主要是在项目制的业务上。根据定义，一个项目就是一项具有明确目标与结果的任务。为避免将每个项目视作孤立的、一时的活动，同时也为了取得跨代整合的成功，我们必须要善于为供应商"勾画美好蓝图"。

对于当前的项目，谈判技巧可能不会起太大作用，然而我们能够通过未来实际存在或者预期项目的业务前景来获取供应商的巨大优惠。若供应商能够为未来的项目供应同一种产品，那么前后几个项目就能共同分摊模具以及研发的成本了。

第 4 章 采购博弈棋盘®

> **案例：坦克制造项目的发动机**
>
> 在经历艰难的投标后，一家军用装甲车生产厂家终于获得了为一支欧洲军队提供装备的合同。投标期间，一家发动机制造商凭借与国防部的良好关系，将其发动机纳入了坦克设计标准。坦克生产厂家别无选择，只有从这家发动机制造商购买发动机。更为糟糕的是，和卡车制造商采购的数量相比，坦克生产厂商的定购数量极少。而实际上，坦克与卡车制造商所购买的发动机基本上是同一种型号。
>
> 即便如此，生产厂家成立了一个采购项目来帮助挽回这看起来希望渺茫的局面。首先，采购项目组对卡车制造商购买类似发动机所支付的单价进行了研究，发现存在 25% 的差异，并就此向发动机制造商提出了质疑。但发动机厂家认为自己并没有任何理由为该公司降价。于是，坦克生产厂家将其未来的武器装备项目告知了发动机厂家，并暗示，只要发动机厂家重新调整价格，未来仍然会选择与其合作。最后，价格被削减了 18%。

D3 支出透明化

就像被太阳炙烤的旅行者在沙漠里追逐每一个海市蜃楼一样，许多公司希望通过开展大型 SAP 或者 Oracle 项目来获取完美的集成解决方案——只需轻按一下按键，就能得到任何想要的企业数据。然而，在这个并购大行其道的时代，这根本不可能实现。一直以来，大型的 IT 项目总是滞后于公司的实际发展情况。特别是在并购后阶段，这些项目永远不能回答采购最关心的问题——谁从哪家供应商买了什么？

企业所需的应是另一种替代解决方案，通过地点、产品以及供应商的三维支出立方，准确提供数据信息。这个支出立方使得各个平面都能有所交汇，也能运行初步的基础分析，如确定各业务单位之间的跨单位需求量捆绑潜力，对比供应商数量及在高成本国家采购的比例。建立这种支出立方所需的所有数据在内部系统就可以获得。支出立方本身可通过不同的方法来构建。

工具的选择主要取决于公司的复杂性以及对支出立方的可持续性的要求。如果公司内部结构具有同质性且并不复杂，那么通常可以使用标准界面从现有系统中获取立方所需数据。所需的工具只是一般的电子数据表软件。

另一方面，对于内部结构复杂的企业，通常需要高度复杂的工具。许多公司基于零部件清单的生产量很小，它们对于数据透明度的期望值更高。这些公司通常期望让立方变成"动态"的——定期更新立方所包含的数据（通常是每月更新）。这样的话，支出立方便拥有了如管理工具一样的重要性。作为定期更新的工具，支出立方可以随时跟踪各个单位的采购情况。另外，采购管理人员可利用此工具来监控主要合同的合规性。采购支出立方的功用可以千差万别，故所涉及的花费也相应不同。

> **案例：在"支出立方"中实现支出透明度**
>
> 一家为汽车行业供货的高性能自动化技术企业进入了钢制零件市场。

> 该企业的产品很简单,主要由型钢零件和钢螺圈组成,所以采购
> 支出的连续性很强。当该企业被要求制造更加复杂的装备零件时,采
> 购支出变得不再那么具有连续性。企业的 CEO 希望可以获得该企业在
> 不同品类上支出的全局信息,这包括了目前的支出以及未来 5 年支出
> 的发展趋势。最终,他在"支出立方"中找到了所需的信息。"支出
> 立方"不仅提供了所需的透明度,同时也为该企业树立以品类管理为
> 核心的新采购组织提供了动力。

D4 标准化

在欧洲与美国,几乎自工业革命一开始,小零件的行业标准就已经存在,这些小零件包括垫片、隔离片、滑动轴承、绝缘管套、螺母、抛光垫圈、快速链接器、螺丝钉、螺栓、簧环、驱动器紧固件和垫圈。可为什么非标准零件仍然大行其道呢?

工厂的管理者也提出了同样的疑问,他们发现,现在越来越难找到放置容器的地方,这是因为每个容器都装了不同种类的小零件,且这些容器数量庞大。标准化,尽可能地采用标准零件能遏制这种趋势的发展。这个方法能显著地从材料、生产、服务和物流方面获得成本降低。这也与引入行业标准的初衷不谋而合,即减轻工程师的工作量。

标准化的流程易于管理。首先,确定可用标准零件替换的零件或者组件。然后,基于简单的替换标准选择最合适的标准件,这个标准包括:材料及材料特性、尺寸及加工精度的相似度,表面处理的兼容性,以及其他

相似或能得到提升的功能。

标准化项目的推进中会遇到一些阻碍。以下是一些我们经常听到的反对声音：

- 每一次技术改动都意味着设计图改动，太耗时了。
- 小零件的成本又不高，为什么要改呢？
- 客户又不想改，我们的每次改动都要得到客户的认可。
- 要实施标准化项目，就必须对我们的流程进行大改动。

克服这些困难最好的办法就是将所有的标准化想法整合到一个大的项目中。这样不仅能显著地降低成本，又可以提高投资回报率（ROI）。

案例：航空业小零件采购

一家美国公司生产用于有翼飞机和直升机的涡轮机，所用小零件种类繁多，采购量小。这些小零件不仅用于生产环节，同时也会作为备件销售给航空公司及售后服务公司。

在航空业内，想购买这些小零件困难重重。首先，必须满足各类繁复的法规制度要求，例如，紧固件质量法案（Fastener Quality Act）、美国联邦飞行管理局（FAA）规范与国防部规范。其次，在切换供应商时，内部还有一系列流程，包括检测与认证。更为复杂的是，有很多不同的行业标准并行，如 AN，AS，BAS，MS，NAS。

对零件列表的粗略分析发现：在用的零件超过了 6000 个，要么用

> 于设计、生产，要么作为备件。其中，大约70%的零件并没有相对应的行业标准。与领先企业的对标分析显示：仅40%的零件需要特别定制。据此，该公司推出了标准化项目。一支由采购、工程与质量部组成的专业团队，对上千张的设计图进行了研究，找出可被标准零件替代的特制零件。
>
> 项目得以快速推进的一个关键因素是使用了达到FAA的各项要求的"替代零件列表"。在实施标准化后，逾30%的特制零件被替换成了标准零件，小零件的原材料成本总共降低了25%。

D5 产品复杂度简化

许多的研究都已证明，公司的复杂度与其营收表现负相关。这一适用于公司架构的规律同样适用于产品复杂度，同时也适用于与供应商互动的复杂度。

越来越多的公司发现，随着产品复杂度的增加，他们所面临的麻烦也越来越多。造成这种情况的原因很多：买方为了满足不同客户的需求，力求缩短产品生命周期、过高的创新率，以及缺乏规章制度约束的研发与产品管理，都将最终导致企业无法从供应商那里依靠采购量获得优惠。

那么，如何用系统的方式管理产品复杂度呢？下面介绍一个经实践证明有效的四步法：

① 绘制产品可变因素分类树状图：目的在于提高透明度并揭示产品群

组的复杂程度，以利于找出之所以复杂的原因。以变速箱为例，这些因素是：

- 类型：手动、自动或者双离合变速箱。
- 安装方式：纵向、横向或者发动机后置。
- 性能范围：力矩高于或低于300纳米。

该例子中一共存在大约50个导致复杂的因素。据此，将导致变速箱复杂的因素绘制成一张树状图。再辅以其他数据（如零件价格、数量、保修费用等），这第一个步骤就可以让我们对变速箱有一个全面且生动的认识。

② 建立最优情境：找出产品可变因素树状图中的相似可变因素，通过合并、剔除等方法寻求改善机会。

③ 建立商业案例：将投资、资源需求和成本降低潜力、收入效应进行对比。基于商业案例做出以事实为依据的决策。

④ 建立行动计划：在产品管理、销售、研发、生产与采购各部门间组织跨部门讨论，就如何降低产品复杂度制定详细的策略与实施计划。

通过这些措施，采购部门所购买的零件种类减少，每种零件的采购量却增加了。不仅是采购部（更低的采购价格），研发、生产以及物流部门都降低了成本。

案例：美国海军

根据传统，美国海军的舰只制造计划都是分工实施的。不同门类的舰只如运输船、攻击舰、护卫舰的建造分别由不同的海军上将负责领导,按照各自不同的项目方案实施。这样的模式导致整个舰队体系内部建造舰只过程中存在巨大差异。举例来说,仅阀门的种类就高达8500多种,断路器也超过600种之多。这种复杂程度很有必要进行控制。当然这并不意味着每个零部件只能有一种规格,比如说镀金工艺可以作为一种零部件要求,但需要支付更高价格。只要通过有效的管理手段,就能将规格数量控制在一个最优的范围内。这种情况下,分管单个零部件或子系统的技术负责人需要与采购部门管理相应品类的同事密切合作,制定通用的零部件设计标准,并就这些标准零件与供应商谈判以获得有竞争力的采购价格。然后,不同的建造项目就可以按需从标准化的零件和系统清单中进行选择。

工作是这样循序渐进地开展的,首先,从两大维度进行评估,梳理目前不同舰只类型所用零部件的通用程度,同时明确我们希望达到的通用程度。举例来说,不同大小的舰只需要匹配不同马力的发动机,但是对于轻型舰只而言可以适当削减发动机的复杂度。

其次,项目重点关注的是有极大潜力实现标准化的非标件,我们设计了合理的规格树,去除那些重复或者不必要的产品规格。通过重新议价和制定流程指导各项目从零件清单中选用零部件,最终我们帮助美国海军在175亿美元的支出规模上实现了逾20亿美元的成本削减,其中包括直接削减采购支出,以及舰只全生命周期的维护保养成本优化。产品复杂度简化在这个案例中帮助全美国的纳税人省了钱。

D6 流程对标

　　流程对标法特别适用于数量大，但流程相对简单和明确的产品。可能的话，有关这些流程的信息均可以在市场上获得。车削零件是一个很好的例子，其加工工艺包括切割、折弯、车削、表面处理、喷涂等，其各个工艺步骤间顺序易于调整。流程对标的最佳时间是产品竞标期间。除了提供正常的报价，供应商还就每个流程步骤提供详细的成本估算（如车削零件的表面处理）。根据这些信息，采购部门可直接与供应商就加工成本进行谈判。

　　利用生产流程对标法识别潜在成本节省包括以下四个步骤：

　　① 对标的准备：首先，找出对产品价格影响最大的生产步骤，同时，确认流程对标所涉及的供应商，包括现有供应商和新供应商。

　　② 供应商的参与：对所确定的供应商发放招标函，包含一份涉及各个生产流程所需成本与时间的问卷。

　　③ 识别最佳实践的成本：对来自各供应商的成本进行详细对比。首先应确认哪些生产步骤是主要的成本动因。汇总成本最低的制造步骤，并同时与外部数据进行对比以确定最佳制造流程。计算每个供应商的加工成本与最佳实践的差异，算出潜在成本节省。

　　④ 落实潜在成本节省：部分成本降低直接来自供应商谈判。欲实现制造流程中的复杂改动，供应商必须提交实施计划。

　　采购部门通过流程对标可达到高度的价格透明以及基于事实的决策。掌握供应商制造流程以及相关成本，能保证与供应商的谈判以具有实质性和目的性的方式进行。流程对标时所建立的最佳流程成本数据库可以帮助确认未来的新产品的目标价格。制造部门与工程部门的早期参与是确保流程对标成功实施的一个关键因素。

> **案例：位于印度的两千个油井钻探工程**
>
> 　　当采购部门租用一套钻井设备时（通常配备一组工作人员），一般都是按照每天的租用费进行结算。值得关注的是，对采购负责人而言，购买的产品其实并不是钻井设备本身，而是在地面打洞的服务。如果涉及的采购品类是一种为了达到某一最终目的手段，那么流程对标是针对此类采购的好方法。在一个需要开钻多座深度不一的油井的大型工程项目中，流程对标显示了巨大潜力。我们以两种不同的陆上钻机举例：大型钻机因为马力大，所以钻探速度很快，但每次作业前后都需要进行拆装以便移动，需要耗费好几天时间；而一套小型车载钻机虽然马力小，钻探速度上相比大型钻机要慢很多，但不到一天时间就可以完成拆装。一个大规模石油开采工程在印度计划钻探数千座油井，通过流程对标完成了对多项关键流程如钻探、装配、拆卸的对比分析，为该项目实现了上亿美元的成本节约。为适当的油井选配适当的钻机（选用车载钻机钻挖浅孔，便于迅速转移到下一个油井，选用大型钻机钻挖更深的气井），并在与钻井设备出租供应商的合同中设定关键流程的标准绩效均有助于实现成本节约。另外，流程对标还有利于改善流程并超越现有的标准绩效水平。与本案例所介绍的 Rushmore 钻井和对标方法类似，许多品类都可以利用流程对标这种手段优化采购成本。

D7 基于生产的设计

基于生产的设计是一种以简化生产流程和降低生产成本为目标的系统方法。它包含以下四步：

- 产品制造成本分析：详细调查原材料与加工成本，识别主要成本模块。
- 绘制成本动因树状图：分析成本来源的一种方法。
- 制定行动建议：根据成本动因树状图，获得低成本设计方案。
- 实施新的低成本设计方案：在计算新产品成本时，采用能获得最高成本节省的方案。

基于生产的设计的应用凸显了设计领域的优缺点和成功要素。除采购、财务控制、生产、工程以及销售外，其他相关人员也应在项目开始的时候加入讨论，合力协作。

根据在许多项目中所积累的经验，五个关键因素能确保基于生产的设计的顺利开展：

- 只有在实施了详细的成本结构分析后，才开始此项工作。
- 应积极邀请供应商参与生产设计流程，以便采纳他们的建议。
- 所有相关部门都应理解其他部门的需求与利益。
- 与成本削减无实际关系的设想应尽快摒弃。
- 不管是产品认知还是服务范围方面，成本降低都不能影响客户体验。

案例：变速箱制造商关注点的转变

一家变速箱制造商希望通过改变产品规格来降低成本。在一次研讨会上，该制造商就各种可能性与供应商进行了讨论。为解决这个问题，目前，零部件被送往供应商在罗马尼亚的另一间工厂进行打磨加工。研讨会讨论得出的一个方案：用冲压代替打磨来钻孔。尽管冲压无法获得与打磨一样好的加工精度，但是在可接受的质量前提下，冲压可以削减15%的成本。在与研发部门沟通之后，公司开始生产冲压打孔的零件。该方法经过反复论证，最终通过测试并开始量产。

D8 规格评估

研发部门一直在不断学习。随着原材料价格的波动，替代材料的出现，生产经验的积累，会发现这样一个规律：一旦常规生产的制造流程趋于稳定，公差便随之减小。另一方面，当产品线、材料需求扩大时，即使是同一类原料也需要变更规格。在产品开发流程中，有时迫于时间压力，没办法接受一些通过检查就能找到解决方案的问题。也就是说，如果框架发生改动，原本确定为合理的规格也要不时地进行评估和分析，结合实际情况看是否需要对规格进行调整。

这个过程中的一个重要因素是对每种规格变化保持完全开放的态度。规格评估通常是以类似于研讨会的形式开展的。研讨会与会人员应涵盖工程师、生产专家、财务总监、采购人员和供应商。这也就意味着对与规格变动所涉及的各个方面可以通过研讨会立即商讨解决，避免了不必要的延迟。

分析应从关注顾客的潜在需要开始，因为当前的规格代表满足这些需求的最初解决方案。因此，规格分析流程会关注修改后的规格是否仍然可以满足这些需求，比如说使用其他材料、采用另外的厚度或者不同的加工精度，特别是在发生结构性变化或者其他较大改动的情况下，确认是否满足需求就尤为重要，而分析的主要关注点自然是那些主要驱动成本的规格。然而，一些较小的改动也可以带来可观的成本节省，尤其是当这些改动易于实施的情况下。在研讨会后，需要开展对于节省的评估，并且建立商业案例。

> **案例分析：制药公司改进柔性薄膜**
>
> 在上市20年间，一家制药企业共生产了价值7500万美元的柔性薄膜，涉及1781个不同单品，37个生产基地，建立了涵盖30余家供应商的供应网络。该产品的高利润，市场与研发团队的"奇思妙想"，使得该产品的规格一直极其复杂。因此，在组织规格研讨会之前，项目团队针对所有单品整理了有关薄膜的需求参数，并对其进行评估和归纳。接着，以方案征询的形式（RFS）通过解释性竞标从商业角度征求规格的合理化建议。在这一过程中，该企业可以从市场上获取并挖掘对现有材料和替代材料的新方案。最终，公司邀请了57家合格供应商参与了这次方案征询。
>
> 该企业一共回收了325 000份投标，平均每个单品有3.2份。供应商从商业角度出发，为增加产品价值提出了不同维度的方案，包括统一不同地区相似单品的规格，更换基底材料，改变基底材料厚度，

> 调整订单量等。通过举行供应商研讨会，该企业针对正在使用的柔性薄膜规格和其他可替代规格共识别了超过 30% 的成本节约空间。在研讨会上，该企业挑选出了操作性较高的几个方案，这些方案涉及超过 25% 的单品，其余的单品将在时机成熟时进行测试。最后，该项目团队针对大约 38% 的单品进行规格优化调整，为公司节约了 19% 的开支。更重要的是，通过这次尝试，团队找到了降低材料复杂性、合理改良规格、提升产品价值的有效途径。

E1 全球采购

你可以做这样的尝试：首先任意选择几家大型企业，然后在地图上把他们的总部标出来，接着把这些公司现有供应商的位置也标出来。你会发现一个有趣的现象：当一个公司越是靠近国家中部的时候，其供应商的分布基本上是以公司为中心的圆形。而当公司靠近国家边境的时候，其供应商的分布则形成了一个半圆形。也就是说，德国公司依然倾向于采用德国供应商，而法国公司则会继续采用法国供应商。我们可以由此得出结论，最好的供应商并不一定能获得采购合同。

这就是全球采购的意义所在：向国际供应市场敞开胸怀。全球采购的关键在于充分利用世界范围的供应市场资源，并且设计符合国际采购特点的询价函。

随着互联网的发展，如今越来越多的供应商在网络上发布企业信息与产品目录，这为在世界各地寻找供应商带来了便利。一个专业的采购组织,至少应在全世界范围内找到所有潜在的供应商。单单为了一个产品组向 5000 家甚至更多的供应商发放询价函也并不罕见。

采购的第一语言是英语,因此,用来与供应商沟通的各种采购文件,如宣传画册、报价单、图纸、规格、标准与商业条款,应该使用准确、清楚、易理解的英语来表述。

除上述的"硬条件"以外,在与来自不同国家、拥有不同文化习惯的供应商合作时,相关利益方都应该保持一种开放的态度。

案例:第一例全球采购项目

通用/欧宝在 20 世纪 80 年代推出的全球采购项目可谓毁誉参半。这是世界上第一例通过全球采购为公司获得大规模成本削减的项目。项目的成功基于以下几个因素:

- 董事会对采购更加重视。
- 项目期间,负责全球采购项目的 Ignacio Lopez 在董事会占有一席。这在当时是非常罕见的。
- 通过引进新供应商和轮换采购人员的职责,打破原先传统的供应商关系,使其变得更加开放。
- 创造采购人员之间的国际化竞争。通过对比全球采购所获取的报价与各地采购人员从当地市场所获取的报价,能大大调动采购人员的职业荣誉感和上进心。采购人员都尽力与"他们的"供应商进行谈判,争取达到与全球采购相同的成果。

E2 自产或外购

根据经验，构成公司核心竞争力或拥有显著成本优势的活动都应该在公司内部进行。

核心能力可根据以下两个标准进行识别：

- 首先，有必要弄清楚某种产品或者流程是否对公司具有重大战略意义。具有战略重要性的产品或流程通常含有专利技术或者能创造较高的客户价值。衡量战略重要性的方法之一是判断相关产品的研发投入。

- 其次，需要了解公司自己生产某种产品的能力在多大程度上比现有供应商好。可以根据三个因素进行评估：流程可靠性、售后服务和产品质量。相关的重要指标有（内部）投诉次数或者某产品的故障率。这个评估也必须衡量公司内部工厂和供应商的产能。

竞争力可根据以下两个标准进行评估：

- 第一个标准是评估内部生产产品或加工流程在多大程度上具有成本效益。具体操作时可以对比公司自身成本结构和其他替代方案的成本结构。在这种情况下，必须要有高度的"成本核算真实性"。特别是评估内部活动的时候，缺乏对费用的准确计算经常导致过分乐观地估计成本效益。该标准同样适用于评估内部产能利用率，并且当产能利用率较低时，该标准还可以用以分析如何将原先外采的产品变成内部生产以提升产能利用率。

- 除对成本效益的评估外,第二个评估竞争力的标准是成本可以得到改进的程度。这需要对利润率进行客观分析。一旦发现自产成本与外包成本之间存在差距,应该立即分析如何弥补这之间的差距。

案例:领先的运动服饰企业及其创意服务

一家全球领先的运动服饰企业发现,随着其所辖品牌的发展壮大,他们的核心创意服务分散程度很高,由多达25家不同的创意服务机构承担。这家公司的内部有着一支非常优秀的创意团队,但是规模较小,仅能完成旗下两个品牌的部分创意设计业务。业务繁忙时,需要一些自由设计师参与到项目当中。碎片化且分散的创意服务外包模式已经无法满足随企业发展而增加的需求。因此,负责市场的相关方认为需要转变创意服务的采购模式,不仅仅要综合提升公司的商业价值,还得优化交付质量和服务水平。

由此,这家公司回顾了所有品牌和市场的创意服务模式,了解每一个关键的市场活动的进展和计划的交付模式,并在最终报告中标识出适合由公司内部创意团队负责的关键步骤和项目类型。评估中通过对其每小时"创意"完成量和相关"合理"开支的比对,工作小组确定了扩张内部创意团队所需增加的人力资源。评估结果也显示内部团队的单位小时工作效率仅为外部团队的50%。

为进一步提升创意服务的质量,该企业最终决定为内部创意团队扩招20人,这样战略计划和创意理念的工作就都由企业内部负责,而

> 支付外部供应商的费用可以缩减至以往的50%。另外,通过整合部分外部供应商资源,并将更多的工作收回企业内部,又能节约至少10%的经费。同时,该企业还着手提升整个市场部的执行能力,减少不必要的重复工作,提升项目完成水准。这家企业与几家主要创意公司的良好关系帮助他们招募到了创意人才。

E3 供应市场情报

采购部,作为重要的战略部门,必须要对供应市场有深入的了解。所以,系统性地获取供应市场情报是采购部门的一项核心任务。供应市场情报主要分为以下两个方面:

- 现有供应商:对现有供应商的内外部资料应进行收集、分析与透彻的理解。内部信息不仅包含费用相关的数据信息(如采购量、价格走向等),还应包含有关供应能力、质量、绩效与新产品等讯息。另外,还应采用一些外部数据作为补充,诸如供应商信誉及新闻报道等。搜集供应市场情报的另一个侧重点就是需时刻关注市场动态,例如,参加贸易展销会,以此获取第一手资料。

- 新供应商:供应市场情报的另一个目标是要获得新供应商信息,以掌握最新市场动向。外部供应商市场情报可通过多种途径获得,如专用的外部的供应商数据库(如http://www.alibaba.com),创建企业自己的供应商门户网站(便于新供应商自荐),或者设立国际采购办事处。

不管情报是来自内部还是外部，很重要的一点是对供应商信息进行系统化的收集，最好能有一个供应商中央数据库。在这个方面，采购部门可向市场营销部门借鉴经验：与客户关系管理（CRM）类似，系统化的供应市场情报工作需要运用供应商关系管理（SRM）的理念。其关键就是将相关信息应用系统的方式进行收集、录入和评估，便于采购部门相关人员使用。

案例：在中国设置国际采购办事处

由于成本压力不断上升，以及先前的招标流程（主要邀请西欧供应商参与）并没有带来显著的成本降低，一个中等规模的厂商想要开始从中国为其欧洲工厂进行采购，并决定在中国当地组建采购办事处来增加对中国供应市场的了解。

办事处成立两年后，从中国的采购量依然接近于零。经调查发现：一位被派往中国的项目经理被任命为该采购办事处的负责人。他被告知两年内该采购办事处必须独立运作。但是，因为不懂中文，他无法通过当地的信息渠道寻找合适的供应商。而且，中国办事处与欧洲的采购部门也没有任何组织层面的联系。实质上，欧洲的采购部门很少真正采用中国采购办事处提供的报价，只是把这些报价当作"吓唬"现有供应商的工具。所以，中国的成本优势也并没有如预期那样落实为成本削减。

两年后，该厂商调整了在中国的采购战略。中国采购办公室招聘了10名本土员工，迅速壮大。而欧洲工程与采购人员的绩效薪酬也与中国采购量的增长水平进行了挂钩。两年后，来自中国的采购量占总

> 采购量的 20% 左右，帮助企业实现了高达 40% 的成本优势（在计算了运输、进口关税和保险费用之后）。

E4 信息征询函 / 询价函流程

该流程的第一步是使用信息征询函（RFI），向大量的有供应能力的供应商征询一些关键信息。第二步，利用询价函（RFP），从小部分有意向且符合要求的供应商那里获取更为详细的信息。

信息征询函、询价函流程是采购部门最基本最常用的手段，自然也对此积累了丰富的经验。但是，在运用这一工具时仍然有许多可以改进之处。

信息征询函一般有两种作用。首先，通过信息征询函可以获得供应商的基本信息，包括其产品布局、制造能力、合作客户以及技术水平等。这些信息成为挑选部分供应商进入询价函阶段的基础。其次，发送信息征询函给大量供应商相当于向外界传递了这样的信息：公司正在寻找新供应商。这样能够在采购项目的早期就激发起供应商之间的竞争，尤其对现有供应商而言，这有利于迅速提升公司在后续谈判中的地位。

信息征询函应尽可能简洁。（但现实中信息征询函往往连篇累牍，看上去更像是业务或是技术审计！）由于信息征询函的一个主要目标是获得尽可能高的供应商回复率，所以应该尽量将问卷以多选的方式呈现，供应商可以用打钩方式来回答，从而缩短填写征询函所占用的时间。

常见的信息征询函包括以下三部分：

- 开篇应该附一篇说明，用来介绍征询信息的企业背景，引起供应商的兴趣。

- 几乎所有的信息征询函都会包含的部分是针对供应商关键信息的征询，例如销售业绩、员工数量、目前服务的客户等。

- 另一部分是针对相关采购类别的，通过有限的问题来判断供应商是否能提供满足规格要求的产品、是否有兴趣填写询价函。

此后，将信息征询函（RFI）发给尽可能多的潜在供应商。潜在供应商的确定应基于多种渠道来源，如数据库、互联网搜索与已知供应商。以前信息征询函（RFI）是通过传真手动发送的，而现在则有更多方式可供选择——电子邮件或者通过专业的传真服务公司。

根据信息征询函（RFI）的反馈，进一步筛选发送询价函（RFP）和相关技术资料的目标供应商。因为供应商的工程部与会计部门的人手是有限的，所以询价函（RFP）的设计也要从方便供应商填写的角度出发，避免占用供应商过多的资源。

询价函（RFP）流程的一个关键组成部分是一张条理清晰的询价表单，列出所需报价产品，以及需要供应商填写价格的空间。明确告知供应商应基于哪些条件报价非常重要，例如，交付条款（工厂交货、完税后交货），是否包含模具费等。询价表单应易于理解和填写，并且应便于系统地评估报价。

在报价表单上还应附上所有必要的相关技术信息，包括对应每个零件编号的图纸、规格或者数据手册，以及通用的技术标准。一定要让供应商能准确地把技术信息对应到具体零部件。包含技术图纸的文件最好能用对应的零件编号命名。过于复杂、难以理解的征询函往往成为供应商放弃报价的主要原因。

另外，一定要对参与报价的供应商给予反馈。收到报价后，应立即回复给供应商，并将该报价结果与现有供应商进行对比。这样供应商在一开始就有了提供改进报价的机会。此外，反馈的另一个作用也很重要，就是能确保供应商理解所有的要求。最后，供应商准备报价需要投入大量的时间与精力，所以向供应商提供反馈可以确保此次被淘汰的供应商在未来（那时也许能成功）还会参与投标。

案例：一家欧美卡车制造商的转折

20世纪90年代中期，一家大型的卡车制造商（全球产量约6万辆）开始思考如何能持续提高利润。尽管卡车制造业受经济周期影响较大，一些竞争对手仍然能获得全周期盈利。而这家卡车制造商不同，只要经济放缓就会出现亏损，只有在需求旺盛时才能盈利。在与外部专家进行反复沟通后，该公司的高层相信可借助采购项目来改善企业目前的状况。此后，高层做出决定，对整个30亿美元的采购量开展信息征询函（RFI）和询价函（RFP）流程，整个流程分五个阶段进行，每个阶段持续六个月。

在项目规划阶段，该企业成立了管理委员会指导各步骤实施。该委员会由首席运营官、采购总监、研发总监，以及主要业务区域的采购与研发负责人员构成。可以说，该项目得到了管理层的全力支持。

在项目实施的两个主要地点,该厂商还专门安排了设施完善的办公场所供内外部项目组成员全天使用。以下几项措施更进一步强调了这个项目的重要性:

- 在第一阶段启动伊始(后续阶段同样如此),所有相关人员都被集中在同一地点办公。因为项目所在地分别位于两个不同大洲,所以项目人员频繁出差。

- 全体董事会成员都列席了项目启动会议,且分别在会议上发表讲话,强调了该项目与其职责领域的重要相关性。

- 在项目的每个阶段,都会为参与项目的人员举办为期两天的培训。

- 项目团队每周通过视频会议向管理委员会汇报项目进展。当然,管理委员会成员的定期出席非常重要,并且董事会成员也会定期出席项目汇报会议。

- 在和主要供应商的谈判中,委员会承担具体的项目任务,与项目团队负责人紧密合作。

第一阶段包括了十个采购品类——外饰件、喷射系统、轮胎、半挂设备、锻件、轴承、制动系统、空调/供暖、气动装置和冲压件,由三个项目小组来完成。除两个项目领导以外,每个项目小组还会配备一个小组领导、两到三名小组成员。加起来,所有项目组包含了11~13名来自卡车制造商的全职人员。

项目组将信息征询函(RFI)发送给了1643家现有及新供应商,

这些供应商主要位于欧洲和北美。在当时的技术条件下还只能通过传真发送，总计收到了 671 个回复。

接下来是准备询价函（RFP）。这包括复印图纸与规格说明书，当时还成立了一条完整的小型生产线来装订询价函（RFP）。长长的走廊上堆满了一叠又一叠的图纸与规格说明书。团队成员穿梭其间，为供应商准备询价函文件包。在那时，"询价书文件函"仍然是一个有形的物体，文件包被置于大纸箱里发送给供应商。

至少有 429 份询价函（RFP）以这样的方式发出，其中 370 份收到了回复。实施第一阶段期间，整个团队在 3.5 亿美元的总采购量上取得了 12% 的成本节省。其中，2/3 的节省是与现有供应商直接谈判的结果，其余的 1/3 需要变更供应商，牵涉到对特定采购品类的审批流程。

鉴于第一阶段的巨大成功，高层管理人员决定继续推进该项目。正是因为在五个阶段中使用了信息征询函（RFI）和询价函（RFP）这样的流程工具，该卡车制造商才能从一家经营不善的企业一跃迈入该行业的中游。

E5 可视化流程组织（VPO）

过去的几十年间，并购风潮在众多行业盛行。通过并购所形成的大型新兴企业具备了 20 世纪 90 年代中期很多企业难以想象的成功要素：参与海外市场、综合的产品与品牌组合，以及可观的规模。然而，和那些小型的专营企业相比，这些通过兼并重组形成的集团公司，其盈利却通常较少，这是为什么呢？

其中一个原因是：小型的专营企业的决策流程简单，并且对客户有非常深入的了解。相反，大型企业架构更复杂，需要通过错综复杂的内部和外部网络来满足更广泛的客户需求。

为了解决这样的问题，许多大公司已经开始采取措施开发内部协同潜力。例如，一些制药企业采用并购来补充它们的产品线，从而提高竞争力。通过使用平台战略以及共享零件，汽车行业成功地在各个产品线和品牌间将不直接面对客户的部件标准化。凭借该方法，汽车制造商显著降低了其产品开发时间，同时又提高了车型的多样性。

因此，一些公司致力于通过标准化来降低技术复杂程度。然而，技术复杂度的降低会直接导致管理复杂度的增加：如果公司的不同事业部都使用同一种零件，那么市场需求与企业内部及供应商的生产资源就比较难协调。这种协调工作不仅仅局限于某个事业部的若干职能（采购、生产、营销）之间，还包括跨所有事业部的同一职能。当发生冲突时，有效协调才能确保采购部向共享的供应商传达有用的需求信息。

经理们经常会抱怨在整个集团范围内，针对市场需求与生产资源所做的协调实际效果并不好。通常，生产计划都是循序渐进的，是针对未来的计划周期（一般是两到六个月）、为不同事业部门所制订的精准的、滚动的计划。针对各个部门组织制订的子计划只有在做整体规划的时候用于汇总。如果在计划周期内，单个业务单元发生任何与原计划相冲突的事件，通常都不会被重视。正是由于这种制订计划的模式，延误了许多问题的解决。

很多人都会认为改动计划是由于某个人的失职。于是，各部门都会坚持他们的计划,即使漏洞已明显存在。当这个漏洞大到可能打乱整个计划时,大家才意识到问题的严重性,但此时由于决策被拖延太长时间,导致任何单一部门的行动都难以改变现状。这样就导致问题被上报给集团高层。因为不了解具体情况,所以集团高层对于满足整个集团利益的解决方案也毫无头绪。

可视化流程组织(VPO)是一个具有创新意义的模型,可将"暗箱操作"的运营流程转变成一个高效且有用的组织,这种组织的流程是透明的,而且可以进行实时决策。这样,公司能够对客户需求、供应商市场或者整体竞争环境的变化做出迅速有效的反应。可视化流程组织是对美国宇航局(NASA)的飞行任务控制中心的模仿。在仔细考察了位于休斯敦的约翰逊宇航中心后,科尔尼公司的咨询顾问团队找出了美国宇航局流程管理的成功要素:

- 决策者长期部署在一个地方:从卡纳唯拉尔角开始升空一直到着陆,所有的空间任务都是由飞行任务控制中心管控的。飞行任务控制中心本身由每一个关键部门的一个代表组成,如推进、导航、系统、载荷与通信。而每个任务控制员反过来又只是"冰山的一角",幕后支持协作团队有多达1000个工作人员。

- 动态再规划流程:美国宇航局的流程管理旨在持续监控复杂数据流中的突发事件。如果的确有这样的事件发生,任务控制团队会根据重要性与紧急性对事件进行评估,必要的时候调整计划。就如一位美国宇航局的工作人员所说的:"我们所做的不是计划,而是调整计划。"

- 基于规则的决策：明确的、务实的决策规则被用来应对紧急情况。这些规则保证飞行任务控制中心能在有限的时间里集中注意力制定解决方案，而不是忙于抽象的讨论。

- 赋予任务控制团队决策权：美国宇航局的高层将所有决策权都下放给了控制中心。任何后续的干预都依据决策规则而制定。

- 基于科尔尼以往的经验，以下是确保可视化流程组织（VPO）成功实施的几个关键要素：

- 高层的重视与承诺；

- VPO团队成员的选择；

- 变革管理。

不可避免地，引入VPO会引起公司内部的抵触。可视化流程组织常常会被误解为一种集权主义的方法。个别部门可能会对VPO带来的透明化视而不见。也有员工可能不愿意改变办公地点或搬到开放式的VPO团队办公室。所有的这些抵触都会使VPO项目失败。所以，在项目开始前，取得来自集团高层的全力支持就显得格外重要。高层团结一致，尤其是在关键时期，能保障项目的顺利进行。

集团的高层应该明白他们选择VPO实质是在为整个行业树立一块里程碑。就像一个汽车集团的管理人员所说的："未来十年，VPO将决定集团的组织架构。VPO将帮助我们把平台的效益以及共享零件策略转化成企业的成功。"

VPO团队成员的挑选非常重要。除了需要拥有专业的知识背景以外，

第 4 章 采购博弈棋盘®

理想人选还应该在他们的专业领域受到重视并且具有较强的团队协作能力。尤其在挑选最初的团队成员时,应该在经验丰富的人力资源专家指导下进行。入选 VPO 团队应该被视为公司给予的殊荣,并且对员工的职业发展是积极有益的。

VPO 引进时所涉及的变革管理应在专家的协作下完成,这些专家在航空飞行任务控制中心的组织和运作或类似领域都有丰富的经验。这可以确保 VPO 团队在确定运作方式时,能不断参阅相关基准。实际上,在 VPO 项目中,科尔尼公司有时会向美国宇航局专家寻求帮助。

> **案例:汽车制造商避免产能瓶颈,增加营收**
>
> 和原来的计划恰恰相反,一家汽车制造商的柴油车在市场上获得了超出预期的成功,导致供应商们无法满足喷油泵的大量需求。董事会因此决定对汽油车进行促销,这样至少能先保证偏好汽油车的北美市场的销售额。实践证明,这项举措非常成功,来自美国的需求也有所增加。但是,美国的空调车订单量比德国要高很多。除了缺乏柴油发动机以外,空调机组在市场上也同样紧俏。这些公司内部决策导致的产能瓶颈说明了即使是温和的市场需求波动也会对汽车制造商造成严重影响。需求波动的振幅沿着供应链向供应商那里传导并不断加强,到最后演变成为了一种令供应商无暇顾及的"背景噪音"。最终的结果便是,供应商们不得不提高安全库存以确保准时发货。
>
> 科尔尼公司所设计的 VPO,可根据实时的信息变化做出迅速决策,大幅度降低库存水平(以及他们占用的资本)。同时,VPO 可以避免

> 产能瓶颈，从而带来更高的销售额。比如，一旦 VPO 团队了解到对柴油发动机的需求上升，该团队可立即将此消息传达给采购、生产与物流部门以及供应商处。VPO 的引入使汽车制造商可一次性解决很多内部的问题，每年节约成本高达 27 亿美元。

E6 产能协同管理

即使是在全手工管理机器利用率的时代，产能管理就是制造领域内被广泛讨论的一个重要话题。如今，随着领先技术的发展、数据分析越来越广泛的应用、eSRM（电子化的供应商关系管理系统）和 ePDM（电子化的产品数据管理文件）解决方案被更多用户所接受，由市场驱动的、采购企业和外部供应商之间的产能管理（即使是对于小批量、定制化的零部件而言）已经变成可能。产能协同管理促进了供应商、采购与物流部门的持续交流。这类管理主要有以下几个元素：

- 基于互联网、有关需求与产能的沟通；
- 关键产能的保障、生产项目的情景模拟；
- 将供应商整合到生产计划流程中；
- 自制还是外包决策分析。

采购部门通常会将某一时间段（通常为 6 个月）的计划需求分为几段（通常为几周），然后将数据输入计划平台，随着内部信息变化相应地定期更新平台内容。同样，供应商也会将他们的计划产能（分产线、机器、位置和时间)上传到该平台。这个平台能够优化自制或是外包分配决策,使内外部生产网络的产能得到最佳利用。采购部门随后会评估建议的运营情景并加以执行。

对于潜在瓶颈或者产能利用不足的早期迅速诊断能够提升成本管理和供应商利用率。

> **案例:通信设备市场中的产能协同管理**
>
> 一家美国无线通信行业的电源制造企业为手机发射塔站设备生产零部组件,这家企业需要根据不同的站点制造和包装产品,过程中需要用到种类繁多的机加工零部件以生产制造不同的订单配置。总体而言,客户的需求很难预测,订货数量忽高忽低,产品配置差异也很大。该生产企业在全球各地都建有区域组装工厂,垂直整合的程度不尽相同。各地的组装工厂主要从当地机加工企业处采购所需的零部件。
>
> 每一个机加工零件都有一套完整的ePDM(产品数据管理文件),包括eBOM(物料清单)、eCAD(设计图纸)和eBOP(流程清单)及相应产品成本拆分信息。成本拆分信息涵盖了制定成本预算、生产或采购的最小零件单元。产能协同管理基于从合格供应商和内部制造职能处收集的零件加工费用、开发周期和生产周期等信息,进行自制与外购决策,并对所有零件的加工制造和装配的先后顺序进行优化调整。
>
> 产能协同管理解决方案给该企业内部及供应商都带来了重大变化。新的流程和机制通过变革管理项目全面导入采购企业内部,并在采购

企业与其供应商的互动中得以贯彻，该变革项目包含以下几个要素：

- 采购企业内部和供应商都清楚地理解并接受产能协同管理的价值主张；
- 对供应商和采购企业就信息沟通模式和规则开展相关培训；
- 与无法配合或者不再需要的供应商停止合作；
- 用计分卡来衡量供需双方协同所实现的绩效，公开计分卡信息；
- 积极解决和改善内部用户和供应商反应的问题，进一步优化和调整整体流程。

经过两年的运行，该企业的产能协同管理将137家供应商纳入体系，收集整理了超过25 000个不同零件和15个自有加工环节的产能和成本模型。通过提高供应商和自有加工环节的生产能力，集中化零件加工类型，该采购企业将供应商数量精简了20%，自有产能专注于部分零部件。同时原料库存水平也得到了改善，削减总体成本达21%。

E7 供应商分层管理

在任何一个公司，都需要建立不能逾越的管理职责范围。即使是非常大的公司（超过10万名员工），在将职责按层级划分后就可以有效管理。许多公司同样会对供应商采取类似的分层管理。

供应商分层管理起源于汽车行业。在过去40年中，汽车制造商关注重心的转移就是最好的说明。

- 20世纪70年代——这个时代的汽车制造商热衷于纵向整合，几乎所有的关键汽车零部件都自己生产。

- 20世纪80年代——迫于经济衰退和石油危机的压力，汽车制造商致力于规避产能过剩所带来的危险，着手将大规模的零件生产外包给外部供应商。

- 20世纪90年代——汽车制造商使用的供应商数量日益庞大，有些制造商甚至与两千多家供应商保持合作关系，造成了管理困难。由此，供应商分层管理应运而生。汽车制造商有意将模块和系统的生产职责指派给所谓的"一级供应商"。一级供应商主要扮演集成商的角色，负责管理二级供应商，同时提高产品质量与服务效率。

对采购部门而言，供应商分层管理意味着要根据每个采购项目找出最为适宜的结构。在一个高度复杂的供应市场，效仿汽车行业的做法不失为一种较好的选择。平均而言，20%的供应商应能满足80%的采购量。因而，初步的分层管理可能将这20%的供应商定义为一级供应商。

但是，同样可以走另外一条路，公司自己来管理生产主要模块或系统的二级供应商。

案例：卡车驾驶座椅的采购

对一家国际卡车制造商的采购项目而言，驾驶座椅是非常重要的一个采购品类。乘客座椅的采购通常并不复杂，而对于驾驶座椅的要求则十分不同。在北美，驾驶座椅的采购相对自由。而在欧洲，很多最终客户会指定某一家座椅供应商的产品，导致了这家供应商在当地占有90%以上的市场份额。

卡车驾驶座椅的构造远比轿车来得复杂。类似于卡车底盘，卡车的驾驶座椅配置了复杂的减震器。卡车司机几乎所有的工作时间都是在其座椅上度过的，所以极容易患有像骨关节劳损这样的职业病，为了尽可能地避免这样的情况发生，驾驶座椅的安全标准通常极高。

让我们来看看占有90%市场份额的供应商吧。在与营销部门进行了深入磋商之后，似乎仍然不可能降低这个比例。为了打破这个僵局，卡车制造商将供应商的座椅分解到每个组成部分，要求供应商对各部分进行单独报价。除座椅以外，采购人员还负责采购安装在底盘上的整车减震器。于是，采购人员要求座椅供应商将座椅减震器和整车减震器的采购量捆绑报价，这显然是个好主意。在与整车减震器的较大采购支出需求进行整合后，奇迹发生了：座椅减震器的价格比起先前降低了近80%。

这样的节约还同时引起了座椅供应商的兴趣，该方法不仅适用于为欧美卡车制造商生产的驾驶座椅，同样适用于为其他客户所生产的座椅。通过获得更多的减震器业务和其他节约成本的提议，座椅供应商的报价显著下降。最终，卡车制造商能以更低的价格配套出售市场欢迎的驾驶座椅——而供应商对此也很满意。

E8 价值链重构

乐高积木在几代儿童中风靡的神奇之处就在于，即使是同样的积木搭建的东西却可以完全不同。价值链重构也是同样道理。价值链重构，旨在创建一种灵活的公司内部架构，从原材料到终端客户，在这整个价值链上持续满足客户的特定需求。

价值链重构有以下七步：

① 确定并衡量客户价值与增长的驱动因素。

② 为公司设立一条明晰的价值链。

③ 识别客户价值驱动因素的支撑点，并将其分配到价值链的各个环节。

④ 分配价值链的成本。

⑤ 将价值链拆分为核心与非核心活动。

⑥ 筛选各种可能的重构方案：自产或外包个别环节，跳过或摈弃某些环节，与供应商在某些环节上紧密合作。

⑦ 挑选最好的方案并实施。

采用该方法，我们有时候会发现关键的技术革新会对传统价值链的主要步骤进行重构或者淘汰。戴尔通过让客户自己选择电脑配置来简化销售、亚马逊的网上销售对图书销售模式的革新，这些都是很好的例证。很多情况下，客户不再愿意为他们自己就可以完成的服务内容埋单。此外，更低的运输费、更短的运输时间使公司可以更加灵活地为全世界的消费者生产、销售和提供售后服务。

价值链重构的目的在于获得并维持对关键步骤与流程的最大掌控，因此需要将核心能力内化为企业的竞争优势。同时，尽量避免拥有此价值链中的资本或资产的所有权。

> **案例分析：提高灵活性，快速捕捉市场机会**
>
> 做汉堡包有很多种方法，不过都大同小异：两片面包和一份馅饼。但为了完成一个美味的汉堡，我们可以选用许多不同的原料，比如肉的部位、面包品种、所用调味料等。
>
> 对于许多复合化工品来说，情况也是如此。比如润滑油，里面可能混有不同的基础油、添加剂或化学品，最终调配出一种理想的润滑混合物，来满足特定的客户要求和行业要求（不同的黏度和工作温度等因素会发挥作用）。有的时候，使用高品位的化工品可以搭配其他价格低廉的配料。高品位的化工品虽然价格会高一些，但这样有助于降低配方总成本；反之亦然。
>
> 然而，配方所涉及的组合与排列可能极为复杂，特别是在个别化学品价格大幅波动之际。此外，考虑到配方审批流程和制造能力的限制（比如罐体容量），一般企业在这方面的灵活程度较为有限。然而有一家润滑油生产企业解决了这个问题。该公司在考虑现有限制条件的前提下，根据个别化学成分规格和价格设计开发了一个线性模型工具，计算和优化产品的总体配方成本。然后该企业将此工具发送给关

键供应商,将它与协作性优化方案征询函(RFQ)进行了有机结合,通过收集替代方案的市场价格,与自身现有配方进行比较。

对标结果帮助该公司确定了基于当前限制条件下适合业务需求的理想配方。这一价值链重组过程也帮助了该企业建立内部标杆做法,他们通过规划投资新配方并建立更为灵活的生产模式这两项举措,在原料市场价格波动时依然提升了效益。

F1 低成本国家采购

"我们希望在各行业都能成为世界第一!"这似乎是当今中国发展的总体目标。从原材料和半成品开始,中国正在逐步建立覆盖完整价值链的产业基础。然而,在许多领域,现有产能已经超出了国内市场需求。许多在中国投资并希望能找到一个超过10亿消费市场的公司不得不接受这个现实。

低成本国家采购(LCC)是一个可以帮助企业从中国发展中受益的战略采购方法。平均而言,中国的制造成本要比西欧国家低50%。(实际上,中国只是最显而易见的一个例子,还有其他一些重要的低成本国家,如巴西、俄罗斯、印度或者土耳其等。)但是,想和中国供应商建立起正式合作关系的公司必须做到以下几点,要达到下列某些要求还需克服一些障碍:

- 可以提供具有吸引力的采购量;
- 识别出感兴趣的且具有良好资质的供应商;

- 确定合适的价格水平；
- 与高级管理层建立良好关系；
- 克服内部的抵触；
- 管理运营与风险；
- 克服文化障碍。

在中国找到感兴趣的且有良好资质的供应商是一个不小的挑战。中国公司所处的国内市场正以每年两位数的增长速度高速发展，每天几乎都有来自欧洲或美国的公司发来征询函。因此，小心翼翼的试探性询价是无法征服中国的供应商市场的。潜在的欧洲或者美国的客户必须提供真正意义上具有吸引力的采购量，才能打动中国企业家。

一种较为行之有效的办法是，在初次与供应商接触时，用中文以书面的形式进行交流，再安排母语为中文的同事与供应商电话沟通。

一旦收到报价，就可以安排密集的商务谈判。中国供应商的第一次报价并不会明显低于欧洲或者美国的价格水平。照中国人的理解，所谓的低成本国家采购（LCC）就是"以欧洲的价格水平出售给欧洲公司"。

一旦双方都认可该价格水平，接下来的一步则是高层管理人员前往中国。中国的企业家们都习惯面对面地与他们的合作方沟通。建立一个互相信任的良好合作关系是克服后期所有障碍的最有力保障。

首先要克服的障碍来自于企业内部。必须与远在欧美的公司内部用户进行沟通并且说服他们相信来自中国的报价是有效的。因此，可能需要运用创新的方法来解决。

对于运营管理,没有比在中国设立采购办事处更务实的选择。必须要有人在中国当地管理供应商以确保其质量符合公司要求(比如及时更换磨损的模具等)。在生产开始的前几个月,采购方几乎需要每天在现场监控,到了后期则可以减少至一周一次。

最后的障碍来自文化方面。在与中国供应商真正紧密合作过后,欧美的公司会变得有点"中国化",而中国的供应商也会吸收一些来自客户方面的西方文化。

案例:来自低成本国家黏合剂供应商及其创新

在一个采购项目期间,一家包装生产企业的首席运营官带领一个代表团参观了几家潜在的印度供应商。印度供应商提供了平均30%~40%的成本节省机会,这就使代表团们产生一个疑问,他们是否拥有与现有供应商相当的产品质量与流程。然而在参观工厂时,代表团发现这些供应商具有专业的生产流程与卓越的产品质量。其中75%的供应商现在已经成为该企业的常规供应商,其曾经承诺的成本节约也都实现了。

低成本国家采购(LCC)项目同样可以带来创新。在招标过程中,这家包装生产企业提供了现有的黏合剂规格。供应商发现这些黏合剂规格存在一些技术问题,于是建议了一个替代规格,并且其技术人员(来自全球范围内,并从其主要竞争对手处招聘的)在短时间内完成了该产品的规格改进。

F2 最佳采购地

"IT 离岸"是指将运营流程外包给其他地区的服务商(地理位置上相对偏远的)。这一概念的应用首先始于大规模将编程和软件活动外包给低成本的印度软件公司,以应对潜在的 21 世纪千年虫威胁。离岸操作的主要原因之一是,印度具备劳动力成本优势,并且其从业人员的受教育程度与西方国家相当。

然而最初的这股热潮最终还是逐渐退去,因为人们发现:外包实际比预期的要贵,不按期交付,合作沟通困难,而且很多公司对结果也并不满意。其失败的原因在于他们仅基于单方面的因素来考虑是否需要外包,也就是说,仅仅考虑成本,而忽略了其他诸如生产效率、质量水平、运作风险、人力资源及文化差异等因素。

最优的外包策略需要全面考量哪个国家或地区最适合生产哪种产品或服务。一般而言,有三种类型的最佳采购地方案:"在岸"是指在本国采购产品或者服务,那么成本结构基本不变。对欧洲人而言,在岸指的是西欧国家,而对北美人而言,在岸是指加拿大和美国。第二种是"近岸",是选择地域上临近,文化类似,而且成本低廉的地区采购。对西欧人而言,近岸指的是东欧与土耳其,而对北美人而言,近岸指的是墨西哥。最后,是"离岸",选择在地域较远的地区采购产品或服务。对欧美人而言,传统的离岸国家有中国、印度、马来西亚和菲律宾。

根据一系列的标准进行挑选之后,最佳采购地评估流程可以锁定最优采购地。该标准不仅包括对当前成本效益与市场情境的分析,同时还包括对服务和质量水平、售后以及风险的分析与评估。

- 经验表明：成本效益分析有可能低估在新兴市场管理资源的花费以及知识转移和培训的成本。比如说，很多将生产线转移到东欧的公司低估了后续的工资增长，而工资在某些地区是呈两位数增长的。因此成本效应分析应将所有相关人工费用纳入考虑。除工资薪水以外，合格人才的相关聘用费用、生产力问题以及潜在的工资增长都需列入考虑范围。

- 除考虑成本效益外，对服务与质量的评估同样重要。即使在最有利的情况下，距离和文化的差异也会使得服务与质量的管理非常困难。更何况，技术人才的短缺（即使在印度）也将加剧挑战。

- 更深一个层面的选址考量涉及质保问题。一些低成本国家对保修毫无概念。此外对某些行业而言，质量问题或相关索赔甚至有可能会威胁到企业的生存。因此，必须认真对待质保这个问题。

- 最后，最佳采购地方案还包括对潜在风险的分析与评估：困难重重的知识转移、较频繁的人事变动、不稳定的政局，以及风险过于集中在某一特定区域。

案例：一家大型德国银行制图与编辑部门的迁移

一家大型的德国银行会制作大量的德语发行物，如广告资料、员工通讯、分析报告和客户展示文件。一个在法兰克福有五十多人的部门负责制图与文字编辑。在评审该部门的核心竞争力时，有人提出是否应该外包这项工作，甚至可以综合分析是否可利用其他国家的成本优势。既然制图与文字编辑并不是该银行的核心业务，而且市面上有很多提供此项服务的公司，于是该银行在较早阶段就决定将这些业务外包。为了最大化成本节约，银行还从成本与质量的层面开展了更深入的评估，决定将这些业务外包给哪个国家。虽然印度以低成本和高技能水平受到青睐，但是该国缺乏具有此类技能的人才。而且，所需要的制图与编辑服务涉及德语出版。而在那个时候，并没有多少印度人通晓德语。因此，印度被淘汰。

最后，银行选择了一家捷克的供应商，这就是所谓的近岸解决方案。虽然人工费用比印度要高，但是在这个国家可以找到很多具备相关技能且通晓德语的人才。通过将业务外包给临近的捷克，总成本节省了近一半。

F3 逆向竞标

在很长一段时间里，人们把逆向竞标和线上拍卖混为一谈。自从 eBay 出现后，线上拍卖对于个人还是企业用户都不再陌生。因为它在安全环境下实现实时交易的特点，线上拍卖吸引了众多买家，在开拓广大市场的同时大大节省了交易时间。

举办一场成功的拍卖，需要考虑以下五个因素：

- 有哪些竞标模式？

根据不同的供求关系，可以采取不同的竞标形式。比方说英式逆向竞标,以最高价开始,随后价格按竞标者的出价慢慢走低,最终的赢家便是出价最低的人。与英式逆向竞标稍有不同的是日式逆向竞标,同样以最高价开始,但随后每轮价格是自动下降的,并由竞标者决定是否接受每轮的价格,最终得标者就是留到最后的人。丹麦式的逆向竞标通常被用于大规模的拍卖,价格低开高走,当卖家按下提示器表示接受该轮价格时,拍卖结束。当然,市面上还有很多其他的拍卖形式。

- 何时举行竞标?

选择之一是在与意向供应商第一轮谈判之后立即进行竞标。时机不等人,举行一场竞标能有效缩短整个招标流程的时间。

- 邀请多少供应商参与竞标?

逆向竞标也是在采购寻源一开始筛选供应商的好机会。如果采购企业希望尽可能缩短竞标流程,那么整场竞标的供应商就不应超过20家;当然,如果举行竞标的目的是考察供应商的定价结构,那么就没有什么限制。

- 如何设计报价结构?

如果逆向竞标的标的涉及数量众多的单品,那么就应该设计为一揽子竞价模式;如果所需购买单品的数量较少,那么建议设计为针对各个单品进行报价。

- 竞拍应持续多久?

一场真正有意义的逆向竞拍绝不会少于半小时;然而,超过两小时的竞拍就纯属在浪费时间了。应提前设置好一场竞拍的时长并严格遵守,设置的标准包括涉及单品的数量、报价结构以及单品规格的复杂程度。

线上竞拍应清晰界定产品的类别以避免混淆和歧义,然而即使是设计最简洁的线上竞拍,如果供应商观念不够开放、无法熟练上网,那么也很难操作。

逆向竞拍已经超越了单纯的线上拍卖。当线上拍卖第一次出现在人们的视野中时,因为其不同以往的买卖模式得到了许多关注。而现在许多企业正将类似的理念运用到了并不适用于线上拍卖的小众品类上,也就是不基于线上工具的"平行谈判"(parallel negotiations)。这并不是一场严格意义上的竞拍,不过逻辑类似。采购企业在同一时间段内邀请多家供应商并同时进行单独谈判,这样安排的好处是每家供应商都可以得到基于竞争态势的实时反馈,采购企业在沟通合同细节的同时也可以压低价格。

> **案例:一家汽车制造商的逆向竞标**
>
> 一家国际领先的汽车制造商希望在采购方面能拥有可持续性的领先水平。为实现此目标所采用的方法之一就是逆向竞标。为了应对公司内外部可能出现的抵触情绪,公司启动了一个边做边学的流程。
>
> 为采购人员提供了一流的工具开展逆向竞标,但是并没有强迫他们必须使用这些工具。最终,采购人员意识到逆向竞标只是一个加快谈判的方法而已。迄今为止,该厂家开展了约1300次逆向竞标,价值170亿美元的采购量。

F4 解释性竞标

传统的投标进程中,供应商仅有可能决定两个变量:第一,是否提交报价;第二,以什么样的价格报价。但是,世界并不是非黑即白。通常,只要供应商知道自己能够得到更大的份额,还是会愿意做出价格让步的。

像这样的情形被称为"如果……那么……"的假设情景。这里有个例子:"如果"供应商获得 A 零件的业务份额外还可以获得 B 零件的业务,"那么"供应商可将 A 零件的价格下调 10%。当总报价中只包含少量的"如果……那么……"条件,在评估过程中考虑它们还算容易。

但是一旦报价中所含的"如果……那么……"的条件过多,那么评估工作将很难展开,特别是对于产品种类众多,不止一家供应商提供报价的情况。面对大量的"如果……那么……"的附加条件,以及如此多的竞标供应商,几乎不可能通过常规的方法来识别最大化的节约机会。

解释性竞标是一种策略,允许供应商提交带有"如果……那么……"条件的报价。在完成投标后,借助一种集成在解释性竞标工具中的特殊算法,只要按一下工具按钮,即可推算出潜在的最大节省。通过改变框架条件,或者指定个别供应商,采购部门可计算出不同情景下的节约。对供应商而言,解释性竞标为差异化管理提供了更多灵活性与契机。对采购方而言,可以充分挖掘成本削减的潜力。

案例：货运采购

一直以来，解释性竞标很适合货运采购。大部分公司覆盖许多运输路线并且使用多种方式来运送货物。而同时，货运市场依然高度分散，且竞争激烈。承运公司有很强的地域偏好性，因为他们的网络所覆盖的范围与密度都有所差异，但发货方通常并不清楚承运公司不断变化的优势与劣势。

解释性竞标不失为在供应商投标和业务分配过程中管理供应商复杂性的好办法。在建立不同的业务分配情景时，会遵循如下步骤：

- 367家承运公司提交了投标书，其中有301家提供了可实现成本节省的价格。
- 最大的节省额达到了1920万美元，需要使用145家新的和现有的承运公司。
- 如果要将承运公司的数量缩减到62家，而且限制新的承运公司所获得的份额不能超过总体的30%，并且仅限于工厂之间的线路，那么该发货方企业的节省是1700万美元，同时运输风险被大大降低了。

通过该方法，一般可以在非解释性竞标基础上再额外获得4%～8%的成本节省。

F5 供应商管理库存（VMI）

很多时候，公司自己管理材料或半成品的库存并不是很重要。因而，库存管理的职责就被转移到了供应商处，他们通常是根据电子传输的材料消耗数据来进行管理的。只要日常供应涉及物流，这种合作关系就可以极大程度地降低库存成本，但同时也会增强买方对供应商的依赖。供应商拥有更大的自由度来安排送货计划，可以通过调节批量大小实现成本上的优化，并且对于需求波动能做出更迅速的反应。VMI 同样能够更有效地利用运能，避免紧急发货，缩短反应时间。如果考虑库存所有权的变更，VMI 也可称作库存托管。在货物被调度使用之前，这些库存的所有权依然归供应商所有。VMI 尤其适用于周转率高、预测性强的商品的库存管理。

此外，供应商与客户之间的相互信任，对保障供应商管理库存系统的成功实施至关重要。任何想引入该方法的公司必须遵从以下七步：

- 定义参数：针对不同情景所定义的参数越为详细，则 VMI 成功实施的概率越高（参数包括安全库存，最小发货量等）。

- 确定供应商管理库存的价格：VMI 定价必须反映供应商的真实成本。这也间接地决定了使用此方法可以获得的财务价值收益。

- 探寻供应商整合的机会，因为一个供应商处的库存越多，VMI 的效用也就越大。

- 共同参与流程设计：VMI 模块需要双方的紧密配合与对信息的完全分享。

- 引进关键绩效指标（KPI）：这些指标（如预测的准确性，仓储的瓶颈等）有利于成本的削减，但同样能保持较高的服务水平。

- 预测模型的引入：基于反映了季节性因素和其他影响因素的历史数据。

- 库存的回购：启动 VMI 项目时，供应商需要购买所有现有的库存。

总之，VMI 方法的作用很多，识别可创造价值的、在供应链上影响库存的成本驱动因素，既能降低客户的成本，又不会使供应商蒙受损失。

> **案例：白色家电生产商采用 VMI**
>
> 一家白色家电生产企业曾经分析了其库存中 C 品类物料的内部生产流程和流程成本。其目的是改善对营运资本的利用，并且简化库存管理流程。
>
> 该企业选择了多家供应商开展 VMI 项目。有一家做组装电缆的供应商供应了所有生产所需电缆。这家供应商与公司的生产计划和预测系统相连接，并在仓库安装监控器以掌握库存水平并及时补充库存。
>
> 通过这一项目，家电企业获得了如下收益：更加简化的订单和库存管理流程，更低的成本。此外，由于企业仅需在每次补货时为上一次消耗掉的库存向 VMI 供应商支付货款，这样就显著降低了运营资本。

F6 虚拟库存管理

库存管理是产能管理的前提。因此，公司必须管理好自己及供应商的库存，并且实时监控所有物料的库存信息，优化库存水平，以满足公司及其供应商的利益。库存管理的目的是尽可能减少"非正式"的安全库存，因为它对现有资产有负面影响。拥有完善的库存信息能够避免过高的安全库存，还可以识别出不常用的物料。同时，应防止生产损失以及因此造成的生产中断。

库存管理的成功运用很大程度上取决于高效的 IT 系统。各地之间系统的不兼容会造成信息不能充分共享，从而会对库存造成负面的影响。如果现有的系统不能提供综合的库存数据，就需要其他的解决方案，如通过基于网络的信息平台实现信息共享。这样至少能提供关键品类的综合库存信息。

很重要的一点是生产企业应该能进入自己的接收仓库系统，必要时还能进入自己的中央仓库系统。同样，该生产企业能对以下内容进行监控：由供应商管理的属于该生产企业所属工厂的库存；供应商交货仓库里的库存以及"滚动待发货库存"（如所有需要通过公路、铁路、航空或者水路运出的在途产品，但是目前又没有到达任何仓库）。

> **案例：Netflix 公司使用虚拟库存管理**
>
> Netflix 公司在全美有 58 个仓库，是虚拟库存管理方面的优秀案例。即使产品可能被分散储存在许多不同的地方，虚拟库存管理也把它们

> 看作在同一个仓库。这样的做法可以帮助企业减少以为缺货而重复下单的风险（或者保持快速响应）。此外，还可以降低运输成本，因为货物都尽可能从最近的仓库运来。
>
> Netflix 公司管理其仓库的做法很有趣，它是通过对库存的持续分类进行的。传统的库存管理要求找到放在货架上的不同的单品，然后将它们运送到客户处。但是在 Netflix 是没有货架的。每天所有的库存单品都被分类成两组："今天运送"和"明天扫描"。Netflix 的做法比传统的货架系统要快得多，因为它不需要人们跑来跑去来寻找与订单相符的单品。

F7 可持续性管理

一些企业宣称：消费者选择我们的产品是因为我们承诺环保和可持续性发展的理念。且不论这些消息灵通的消费者是否真的会花时间去检验价值创造链条的可持续性，或许他们只是一群追求"绿色"而不太在意价格的单纯理想家们？

可持续性管理按重要性依次可分为经济可持续、环境可持续和社会可持续，旨在保护或创造一个适宜人类下一代生活的环境。以"绿色、可持续、有道德"为宗旨，可持续性管理要求长期的策略规划、持续的行动以及对环保、道德理念的认同和尊重。

那是什么驱动着企业树立可持续发展的理念？

- 日益稀缺的资源：人口增长带来对水资源、能源、土地的巨大需求，人类越来越意识到资源的珍贵和有限，同样的情况也适用于许多原材料。

- 日益激进的抗议活动：以往大公司总有能力在一定程度上控制媒体和社会舆论。但现在随着各类 NGO 等社会组织的壮大，社交媒体的普及，企业越来越难以控制舆论。

- 全球供应链的重组：将一些非核心业务外包以及将价值链转移到某些低成本的国家，使得可持续性成为一个日益重要的话题。

- 日益增长的消费者需求：当今消费者对环保的重视。

- 日益收紧的政策：更严厉的国家法律法规以及国际环保公约，使得可持续性成为一个全民参与的话题。

那么这些与采购又有什么关联呢？专业化的可持续性管理不仅仅是节能和遵循最佳实践，它要求企业从价值链的开端着手，保证从供应商手中拿到的零部件满足环境兼容性和社会可接受性的要求。环境兼容性（ecological compatibility）要求产品由环保的材料生产，且生产过程对该地区的环境没有破坏。社会可接受性（social acceptability）举例来说，包括不使用童工或者工作环境应符合法规要求等。越来越多的企业要求其供应商做到以上两点。对于消费者而言，不轻信企业提供的信息是非常重要的，同时自己也应在日常的生活中持续进行验证。而生产企业在整个价值链上则需承担起越来越多的责任。

采购环节的可持续性管理，最基本的是时刻保证供应商的合规性，不断对供应商进行风险评估,建立并采取相关风险控制措施。这些措施,可以有效规避某些品类因法规限制带来的供应风险,减少对品牌形象的负面影响。

某些龙头企业会更进一步。它们会通过可持续性管理与供应商进行合作,从激烈竞争中脱颖而出,节约能源、造福社会、提升品牌、创造价值。在供应商选择过程中,将外部因素用货币形式量化出来,实现可持续性管理与采购的有机结合:除成本之外,将环境影响(比如二氧化碳排放量和水资源消耗量)和社会效益(如安全的工作环境以及造福于民)都纳入考虑因素。

案例分析

一家以环保可持续作为品牌形象的南美化妆品公司,想要在维护供应商关系的前提下,对其可持续性进行有效评估。在此之前,许多公司也会将一些社会环境因素纳入供应商选择过程中,不过这些因素对最终结果的影响并不大。这家化妆品公司决定将供应商对社会造成的工业污染用货币的形式量化出来。这个方法说起来简单做起来却并不容易,它以"三重底线"概念为基础,比如,在可持续性方面的投资回报可以一定程度上抵消成本的增加,基于环保意识的高低来进行供应商选择等。

该公司每两年就会发布一篇关于当下生态的热点问题清单,他们决定从最近一年的清单着手,具体内容包括亚马孙热带雨林及其生物多样性、温室气体效应、产品使用过程中产生的废物、人与自然的关系、教育以及水资源的使用。

　　该公司分析了采购品类的生产过程，确定了其中对环境产生的或好或坏的影响，以及产生影响的原因和解决手段，所有项目都按照该公司的六大环境问题以及供应商的可控程度进行了排序。接下来，这家化妆品公司用货币形式对其进行量化，比如根据环境破坏程度来决定每吨二氧化碳的成本。

　　该公司继而启动了基于"三重底线"的战略采购程序，先向供应商发出信息征询函，传统的议题被有关环保的问题所代替，并收到了许多回复。于是该公司如法炮制，向供应商发放方案征询函，不再关注价格和供应灵活性等传统经济问题，转而关注其他废物量和水资源消耗。在这一过程中，不能满足该公司环保要求的供应商便被淘汰。

　　此举不仅为了选择最优供应商，还能够给供应商提供反馈以促使其提高环保水平，许多供应商也实实在在地做到了。其中有一家供应商，一开始因为二氧化碳排放量超标没能通过选拔，之后又重新提交了一份提案，承诺由另一间环保能源驱动的工厂为其供货。

　　最终，该公司收获了"三重底线"的红利，增加了供应链的灵活性，还通过敦促供应商践行环保的承诺，将自身的可持续性提升到了一个新的水平。更为重要的是，该公司抢得了可持续性发展的高地，证明了自己不仅遵守诺言，还有能力积极主动拓展新的环保领域，在行业内树立起了标杆。

F8 收入共享

收入共享的意思是企业与供应商共同分享商机与风险。其基本的前提是供应商对于经营的成败必须起到真正关键的作用。产品销售收入作为影响经营成败的明确定义的要素，为顾客与供应商之间建立合作伙伴关系奠定了坚实的基础。

采购商与供应商都有可能倾向收入共享的方法，虽然各自的出发点并不相同。如果采购客户认为供应商所提供的产品或服务具有足够的吸引力，想要独占时，会首先建议共享收入。如果供应商开发了一种新的产品或服务，并在寻找能够拓展新的销售渠道的客户时，供应商就会发起收入共享的提议。

案例：炼铝厂与电力公司收入共享

铝的特殊优势众所周知，重量轻，延展性好，在现代设计中越来越受到青睐。过去的几十年间，铝的运用范围大幅拓展。为了降低二氧化碳排放量，汽车制造商们大量采用质量更轻的铝制配件，其在航空制造、建筑、食品包装等行业中也有着广泛的应用。

铝的市场价格波动一般有一定的规律，基本与伦敦金属交易所（LME）指数挂钩。在伦敦金属交易所，大多数有色金属都在三个规范的平台上交易：交易圈（ring）、LME Select 交易系统、电话市场。伦敦金属交易的网站主页上这样介绍道："交易圈是公开喊价的贸易平台,是价格发现过程中的核心环节。每种 LME 金属各有 5 分钟交易环节买卖,流通量非常高,代表着各种金属在全球的供求平衡水平。"因此,购买铝作为生产原料的相关产业需重点关注伦敦金属交易所的铝价格。原铝的生产成本大致分为几块:能源成本占 30%~50%,不同地区的占比存在一定的差异;其他原料包括铝矿石、氢氧化钠;运营管理费用和固定资产摊销。

截至目前,预测铝的价格还不算难事。在过去 20 年间,虽然市场时起时落,但铝在伦敦金属交易所的交易均价基本等于实际生产的成本开支加上一定比例的利润。

这样是不是就意味着当铝的价格在低位运行时,公司就会破产呢?答案自然是否定的。这些公司会利用自有发电厂,或是与能源公司长期合作来解决其能源需求。

为了降低公司运营的风险,一家炼铝厂做了相应的尝试。由于这家公司没有自己的发电厂,于是选择与能源供应商签订长达 20 年基于收入共享的合同。这意味着,如果铝的价格上涨,那么能源价格同步上调,相反如果铝的价格下跌,甚至跌到低于理论生产成本了,那么电价也需要大幅下调。由于伦敦金属交易所的价格是高度透明的,这样的协议可以有效保证合同双方都长期受益。还有的公司将类似的模式运用在采购铝矿石和氢氧化钠上。这完全区别于传统的定价机制,即使遇上经济危机,生产企业也能保证生产成本始终是低于产品售价的。

G1 基于成本的价格模型

使用这一价格模型需要先对产品生产工艺或服务交付模式有着深入的理解，然后对产品背后的整条价值链的成本结构进行细致划分，以完成自下而上的模型搭建。首先，基于产品制造过程中所有的增值环节建立一个价格模型。由生产开始，逐步分析每个增值环节中的关键成本驱动因素。该方法能确定目标价格以及供应商合理的利润水平。将该方法运用到有多家供应商参与的招标流程中，能对生产过程中不同供应商总成本的差异进行比较，还能通过成本拆分对比不同供应商间的生产能力差异。在之后与供应商的交流沟通中，使用这种方法得出的最佳成本结构也可用来为供应商设定目标成本，同时将其作为之后提高供应商生产效率的目标。

基于成本的价格模型将产品整体的制造过程拆分成具体的步骤。以个人台式电脑（PC）的生产为例，过程可分为钢制机箱的冲压、折弯和组装，印制电路板的组装（PCBA，包括安装电路板面、焊接和测试），以及最后成品组装（包括包装和运输前准备）。我们运用了成本驱动因素为客户设计了个人台式电脑的价格模型，确定每个环节的成本。该模型中典型的成本类别以及相对应的成本要素包括原材料（估算重量、废品率、材质以及单位原材料成本）、外购部件（估算需要外购的零件和单价）、直接劳动力（通过加工周期、生产节拍时间以及每小时产能等信息计算完成加工所需的人工劳动时间）、设备费用（估算设备价值、折旧率、产能、利用率以及加工周期）、预估生产过程中间接物料耗损、间接成本（估算间接人工、水电费、场地费用、一般利润率）。该逻辑同样适用于任何零部件的成本分析。最后，我们还可以加上其他摊销费用（销售、管理及行政费用）和工程研发费用（产品开发、维修保养以及工厂支持所需的费用）。

该价格模型可以在保障合理利润前提下计算得出一个具有市场竞争力的价格。我们建议实地考察至少一家供应商的生产线，来验证模型中使用到的有关生产周期、产能、加工工序以及生产设备利用情况等信息。

完成价格模型的搭建之后，验证和完善模型的最简单方法就是在价格征询（RFP）阶段要求供应商提供详细的成本细分。不过通常很少有供应商在这一阶段愿意详细披露这些内部成本信息，因此使用这种手段验证模型的前提是该品类为买方市场且采购企业相对强势。如果采购企业相比供应商处于相对弱势地位，同时企业内部已经积累了丰富的相关品类经验，则可以考虑通过内部专家来实现产品成本分析。搭建模型的过程中，需要向产品工程师和制造工程师了解详细的产品生产过程，一般而言机械工程师、电子工程师和系统工程师都会就生产过程提供足够详细的专家意见。但需要警惕的是，由于供应商越来越倾向于通过专业化的管理实现更经济的加工制造，过度地使用内部估算的生产成本也存在一定风险。这时，就需要雇用第三方专业机构、聘请外部专家对诸如新生技术和特殊工艺提供专业、前沿的分析。

有了基于成本的价格模型后，当我们需要确定一款新产品的价格时，通过对比已知同类产品的模型即可。通过比较生产步骤和所使用的原材料，就可以快速完成模型的调试。在随后的价格征询、供应商谈判过程中也能进一步对该模型进行验证和优化。

基于成本的价格模型输出的最终结果是一份对目标价格的详细分析，

可以拿来与供应商的报价进行比较。我们建议至少从供应商处获取一部分的成本明细，这样就可以有针对性地深入挖掘各增值环节的成本削减机会点。不是简单地直接削减最终成品的成本，而是针对个别工艺的单位成本进行优化，或是改善关键成本驱动因素，例如减少废品的原材料耗损或是提升组装环节的效率等。如果对比发现供应商的成本细分与价格模型存在较大差距，我们建议与供应商一起分析找出原因，之后可以通过谈判直截了当地要求降价或者为供应商设定一个在投产后需要达成的生产效率提升目标。

在设计基于成本的价格模型过程中可能需要企业投入大量资源，因此有的企业认为开发模型性价比太低。但是如果某些外购产品和服务对于采购企业而言是至关重要的，或者采购企业对某些外购产品已经积累了足够丰富的专业知识并能快速地完成模型开发，那么基于成本的价格模型还是一个不错的选择。基于成本的价格模型还适用于价值链较短、生产步骤较少、工艺相近的产品，或者原材料组成复杂度低同时产品开发环节投入有限的产品。通常这类产品的市场竞争也比较激烈，所以供应博弈力也相对较低，采购部门能够快速开发出一套模型来进行目标价格分析。如果你负责的品类不符合上述的任一情况，那么请关注接下来介绍的成本回归分析法，这是另一种快速计算目标成本的手段，可以为有效的供应商沟通提供帮助。

案例分析：个人电脑制造商应用基于成本的价格模型

随着个人台式电脑逐渐成为日常消费品，某知名个人电脑企业开

第4章　采购博弈棋盘®

始采用基于成本的价格模型为其个人台式电脑的加工组装设定目标成本。对于基础配置的个人电脑，当时许多供应商都可以加工组装，于是这家采购企业派出一个由品类经理、供应商质量和生产方面的专家组成的小组，拜访主要供应商工厂，进行为期一周的生产线实地考察。小组成员用秒表记录加工组装各过程的生产周期和生产产线的单位时间产能，用秤称量所用原材料的重量。采购企业利用考察过程中收集的数据搭建了价格模型，比较精确地计算出了产品生产成本。随后，结合供应商提供的信息和采购企业自身目标将管理费用摊销、利润等加入模型中。这个模型还能被轻而易举地应用在其他个人电脑产品上，可以覆盖超过30款类似规格的产品。

该小组用基于模型计算得出的结果与供应商展开进一步谈判，详细比较了目标价格与实际成本间的差异。最终，这家电脑企业在原材料上实现了10%～20%的降本，同时还为供应商设定了通过节省劳动力提升40%生产效率的目标。

G2　成本回归分析

有时，由于采购部门或者跨部门团队缺乏专业知识或对供应商的博弈力有限，无法开发一套完整的自下而上的成本模型，例如，基于成本的价格模型（G1）或者生产要素成本分析（H2）的模型。因为许多供应商不愿意公开自己详细的成本明细，或者随便提供一套不准确的数据。另外，采购部门与供应商的议价过程往往时间紧迫，根本没有多余的时间来建立一套完善的成本模型。在这种情况下,运用成本回归分析不失为是一种明智的选择,通过使用现有的产品数据便能评估供应商的成本状态。

对于每种产品或服务,采购部门通常能获得以下两种类型的数据:

- 商业数据,如价格、基于订货量的折扣、物流条款、账期等。
- 产品规格(物料的技术参数,如重量、体积、材料质地、公差等用来定义一件产品的种种信息)或服务(服务水平协议的要素,如服务频次、范围、专业技能、从业者的能力水平等)。

上述信息都可以在供应商回复的价格征询中找到。我们还需要一个方法来分析价格与产品规格(主要是技术参数)间的关系。成本回归运用统计学中的回归分析法测试不同变量间的关联度。在分析成本时,回归分析揭示了因变量价格(p)是如何随着各个自变量产品规格(x)的变化而变化。举例来说,优步(Uber)的打车费用取决于以下三个变量:行驶距离、车辆类型以及当时优步车辆的接单率。

反映因变量 p 和自变量 x_i 关系的数学公式如下所示:

$$p=\alpha_0+\alpha_1 f_1(x_1)+\alpha_2 f_2(x_2)+\cdots+\alpha_m f_m(x_m)+e$$

式中,α_i 是加权系数,$f_i(x_i)$ 是 x_i 的任意函数,m 是因变量的个数,e 是统计误差。在采购应用中,该模型通常呈线性分布。因此,价格与规格间的关系又可简化为以下公式:

$$p=\alpha_0+\alpha_1 x_1+\alpha_2 x_2+\cdots+\alpha_m x_m+e$$

若给定一组价格和规格数据(p_k, x_{1k}, x_{2k}, $\cdots$, x_{mk}),成本回归模型通过计算得出加权系数 α_i,使得剩余平方 δ 为最小值,最后可以得到 α_i 的组合:

$$p_k = \alpha_0 + \alpha_1 x_{1k} + \alpha_2 x_{2k} + \cdots + \alpha_m x_{mk} + e_k$$

使 $\delta = \sum_1^k e_i^2$ 为最小值。

求出以上加权系数组合之后，便能得出任意规格 x_m 组合的理论价格。

如上所示，成本回归分析是一个多元线性回归模型，有以下应用。

- 了解何种因变量对自变量价格有影响以及影响的程度有多大。

- 预测价格即目标定价。

由于此模型建立在数据统计基础上，所以须满足以下条件才能保证结果的准确性：

- 规格即成本驱动因素有一定的复杂度：只有一定程度上具有技术复杂性的产品可以避免在分析时个别项参数占据支配地位。若某项参数占据支配地位，可转而采用更为简易的线性特性定价法（H1）。我们认为成本回归模型更适用于那些由不同部件组成、生产过程附加值较高，或者由不同生产技术加工完成的产品。

- 规格参数有足够大的差异：即使参数足够多，我们需要保证这些参数在不同产品间差异足够大来完成回归分析。如果某个因变量在不同产品间差异极小，很有可能这个参数在回归分析中基本无用，也不会对最后的价格产生太大的影响。

- 产品样本足够多：为确保统计结果可信，必须基于足够多的样本建立模型。根据过去很多项目中的应用经验，我们建议使用成本回归模型时的样本数量不能少于40个。如果样本数量过小，回归分析结果在很大程度上会受个别极端数值的影响，导致回归结果不理想（统计学上用 R^2 描述这个偏差）。

关于成本回归模型在日常采购工作中的应用，采购企业首先要做的就是尽快在组织内评估是否有可用于分析的数据。在企业的 ERP 系统里，采购通常可以获得现成的商业数据，包括价格、供应商清单、采购量等，而技术规格则需要从工程部批量获得。工作团队需要评估一下准备这些数据需要投入的资源和时间，一般而言可以把技术规格的整理工作交给一位资历较浅的工程师在较短的时间内完成。

开展成本回归分析大致分为四步：第一阶段是收集和准备数据，在这一步最重要的便是决定影响成本的参数。我们建议工作团队与技术部或供应商在这一阶段通力合作，这样可以大大提升分析结果的可靠性。在这一阶段，工作团队也需要对数据的完整度和可信度进行验证，同时对定性数据进行量化。举例来讲，涉及材料规格时可以考虑将估算的价格水平数据用于回归分析；质量要求则可以考虑用代表性指标来量化；颜色参数可以用价格来区分不同色系。

第二阶段便是搭建回归模型并对数据进行相关性测试。通过多次迭代计算，该模型会自动剔除相关性较高的参数（如重量、密度、体积）优化回归的质量（即提高 R^2），同时线性化个别参数以提高线性回归模型的准确度。

完成优化后的模型需要经过采购部门以及工程团队和其他提供技术规格参数部门的共同验证，这是第三阶段。在这个过程中，联合团队会就出现的极端值进行讨论并找出可能的原因，同时团队也需要确定是否要将某些被剔除的参数重新纳入模型中以解释不同参数对价格的影响程度。

最后阶段，将该模型投入使用并汇总计算结果，为供应商谈判做准备。成本回归模型在采购职能中最核心的应用便是利用计算得出的目标价格与供应商进行谈判。该模型可快速分析特定供应商或特定产品的成本，或是快速识别成本节约的机会点。削减成本的具体数字便是某产品的现行价格与回归目标价格之间的差额。为了识别最具潜力的成本削减机会，建议优先关注支出占比前 25%～50% 的物料。成本回归模型的分析结果能够帮助采购企业在与供应商的协商谈判中一击即中，实现快速降本。供应商对这种分析方法也表示欢迎，因为在此过程中供应商能够了解自己与竞争对手相比，在同样产品或服务上的价格竞争力。

除了上述应用，成本回归模型还能应用于其他场合。比如说用来比较不同事业部采购的相同物料间的价格差异；通过比较同类产品的相近参数，确定哪些规格变量应该在复杂度削减项目中被剔除，并识别竞争力较弱的产品。此外，成本回归模型还能在产品开发的初期快速计算新规格的理论成本，设定目标价格。

> **案例分析：某制造企业运用成本回归模型与供应商开展谈判**
>
> 　　某消费电子制造企业需要购买很多种不同的印刷电路板。消费电子行业的产品生命周期比较短，产品的一次更新换代通常不超过18个月，因此采购总是面对诸多变数。跨产品或是跨代对标每个零部件间的成本差异并不是一件容易的事情。市面上有很多印刷电路板的生产企业，这家制造企业已经掌握了一批靠谱的供应商资源，同时还有几家新供应商正在评审，因此可以说这是一个供大于求的市场，而且这

家企业的总采购支出占到了印刷电路板市场份额的30%左右。

该企业采购部门运用了成本回归分析法,分析比较了大量不同供应商的印刷电路板价格,并确立了最优价格水平。首先,工作小组对与价格有关的技术参数进行梳理整合,如印刷层数(即电路板厚度)、覆铜层压板材料的耐热性、电路板的长度和宽度、单板的面积、铜层厚度、单板电路覆盖数量、单板利用率等,以及其他与生产流程相关的,特别是独立的加工步骤。而采购会提供其他商业参数,如零部件价格、量化的交付条款、付款账期、以及季度/年度/整个产品生命周期的订单量。基于上述提到的超过20个参数,该小组运用多元回归的分析方法建立了统计模型,找出了其中对零部件价格有重要影响的参数,并据此建立了统计回归模型,通过该模型计算得出成本削减潜力有11%~17%。在后来与供应商的协商中,该企业以成本回归分析计算结果为谈判依据,并特别强调了该产品的重要性以及自身可观的市场占有率,如果供应商能达到相应的价格要求,未来双方将有无限的合作潜力。该企业还基于所有报价,向每家供应商做出了相应的反馈。在模型中不同颜色代表不同的供应商,而每一个点则代表着一个零部件。这些都给供应商提供了基于事实的价格反馈,也便于双方就具体的价格调整细节展开讨论。

供应商对这种开诚布公的沟通模式给予了积极的反馈,表示他们终于对自身所处的竞争地位有了清晰的认识。当然,最终并不是所有的供应商都能够接受该企业提出的目标价格,不过那些配合意愿度更高的供应商还是从无视眼前机会的竞争对手那里抢走了一部分业务。

> 从最初想法形成、建立模型，到与供应商的谈判和最终在系统中实施新价格，整个过程花了不到两个月的时间。此外，项目小组对模型进行适当修改之后又能应用于新品的印刷电路板采购，实现目标价格分析。

G3 价格对标

在针对不同部件或者材料类别的价格分析方法中，价格对标是相对灵活简便的一种方法。该方法指的是，在同等条件下，对于同样规格的采购品类，某公司的采购价格与其他公司所付价格的对比。通过比较，找出双方的差异，并从中找到可以改善的潜在机会。

价格对标仅适用于相同或者类似产品。一旦存在任何差异，必须"标准化"这些差异。价格对标不仅适用于单价或者成本分配的对比，同样适用于合同条款的对比。单价的对标仅仅是简单地对比单价的差异。而考虑到价格折扣或者其他优惠（软件行业惯用的模式），单价的对标也常常会在价格走廊的基础上进行。而成本分配的对标则特别适合于各种服务类型，如IT服务。

为进行比较，应区分不同的技能或服务级别。如，项目经理的能力与技术助理或者咨询人员的能力就应该不同。合同条款的对比是针对协议的各个单独部分进行的。其目的就在于对有关价格的部分进行分析，寻找可调整价格的空间。因此，企业可基于供应商所提供的有关其成本结构的信息或外界的价格指数进行对标。借助这些数据与标杆，企业可与供应商开展新一轮的合同谈判。

> **案例：两家消费品巨头加速并购整合**
>
> 当一家消费品巨头收购了一家领先的竞争对手时，两家公司的管理层对于新的公司都有着宏伟的规划。虽然对于短期目标尤其是成本节约十分期待，新公司由于仍处于收购业务过渡期，缺乏相应的资源去达成这些目标。从宣布收购到完成收购，这一过程可能会花上几个月甚至几年的时间。反垄断法限制了两公司早期的直接接触，因此也直接阻断了敏感数据的交换。
>
> 利用第三方咨询公司"抢跑"（jumpstart）是一个全新的方法。在完全遵守反垄断法的基础上，可以通过"抢跑"比较采购战略，确认采购最佳实践，由第三方建立"洁净室"，对从同一家的或者不同家供应商处的类似商品进行价格对标，同时商务条款与条件也在对标范围之内。
>
> 无论是收购方还是被收购方在交易结束前都不被允许看到结果。完成交易后，立刻分享结果，此时供应商也被邀请进行重新谈判。这被称作索要"婚礼红包"（即可观的价格降低）的重要时刻。
>
> "抢跑"为这两家行业领先企业带来了速赢机会，大大降低了原材料的采购价格。

G4 总拥有成本管理

尽管总拥有成本管理（TCO）长期以来被采购部门广为使用，但是对该方法的理解和运用能力却相差甚远。TCO包括所有涉及产品的采购、使用、维护以及最终处理的各方面成本。只有通过研究所有产生影响的因素，才可以真正了解两个供应商之间的差异。那些隐藏的成本常常超过看似主要的费用。只有掌握了全局，才能从真正意义上对比供应商，据此制定有效的采购策略。

最理想的情况是，企业可以通过 TCO 策略与供应商建立起超越采购单价降低的价值合作伙伴关系。TCO 同样可以帮助淘汰那些在产品或者服务生命周期中不能创造价值的活动。此外，相对于其他方法，TCO 能更精准地预测战略采购所能带来的成本节约。TCO 流程简单，且具有逻辑性。

第一步是确定所有的相关成本（尤其是材料成本、制造成本等），之后，推算出各零件的成本。在投标早期就纳入 TCO 可以完整地得出公司的各基础成本，使 RFP 的结果具备可比性。

总之，在关注那些最容易被影响的成本组成时，一个行之有效、条理清晰的方法至关重要。在某些领域采用 TCO 策略尤为有效：

- 运输：运输材料最便宜的方法是什么？该方法与目前所采用的方法有什么区别？例如，包装材料是否可以回收？
- 零件物流：怎样改善生产流程中零件的物流？如何缩短零件入库的时间？如何降低库存成本？
- 安装调试时间：是什么因素导致了过长商务安装调试时间？是否可以利用其他设备以缩短安装调试时间？
- 制造流程：应该怎样调整生产量，以确定采用相对应的人工或自动化流程？哪种零件的生产最困难、最昂贵、最耗时？

- 管理/间接成本：是否有更高效的接收处理订单的流程？如果调整合同期会有什么改善？

至此，你可以发现 TCO 可以用于任何采购流程。该策略尤其适用于采购复杂的资产类产品、针对整个公司的集中采购以及对多余零件的整合采购。

TCO 对于其他领域也有积极作用：避免合同未完全履行，在制造原型样件之前进行模拟，可回收再利用的包装材料等。其他可能的用途有 EDI（电子数据交换）的使用，或者对供应商的利润率进行简单的估算。

> **案例：电动潜水泵（ESP）**
>
> 　　作为一名采购从业者，如果现在你需要购买的产品比当前正在使用的同类产品价格更加昂贵，该如何是好？
>
> 　　如果你运用了总拥有成本（TCO）分析方法，这个问题就能迎刃而解了。俄罗斯油气项目就是如此。俄罗斯的原油开采需要使用泵机在井下作业将原油抽出，所以一般的开采方式是在井内置入一台电动潜水泵，在若干年的时间内开采原油。
>
> 　　电动潜水泵分不同类型，但一般都售价昂贵，而且低端和高端型号的价差很大。但与完全停工或者临时从别处租用一台替换故障设备造成的损失相比，购置电动潜水泵的成本就显得微不足道。
>
> 　　于是我们引入总拥有成本管理的理念。通过对权威数据的分析发现，价格越高的泵，其平均故障间隔时间（MTBF）表现越优异。从总拥有成本管理的角度来看，定价较高的泵机因为其维护要求低，并能

> 保证长时间运行,即使定价高,选择购买此类泵机仍是合理的建议。
>
> 如果某个产品的采购单价较高,但总拥有成本相比其他同类产品具有优势,那么就应该选择采购高单价产品。

G5 供应商发展

即使历经艰难筛选,一个企业也很难马上找到完美的供应商。唯有通过几个月甚至几年的供应商发展流程,才能将供应商发展成为可靠的并且是公司期望的合作伙伴。

供应商发展适用于现有的和新的供应商。但是,一般而言,"新"是供应商发展的主旋律。"新"的意思是迄今为止这个供应商都还没有参与供应某一产品线/组合,或者是先前并不重要的供应商被发展成为关键供应商。再者,也可以是寻找一个全新的供应商。不管怎样,此方法的重点在于建立与供应商之间的关系。也正是出于这个原因,此方法被冠名为"供应商发展"。通常,只有在需求博弈力较高时,采购方才可以"发展"一家新的供应商。

制定与实施有效的供应商发展策略可依照以下五步:

- 找到供应商发展回报较高的品类。
- 基于供应商发展潜力以及备选企业水平,针对不同供应商在当前以及未来的供应商关系进行归纳和排序。
- 为待选供应商制定具体发展战略,运用一套通用框架来对其潜在可进步空间以及合作意愿进行评估。以关键利益相关方召开联合研讨会的形式，负责对供应商进行评估和优先级排序。

- 开发工具并实施战略。应运用合适的工具来制订实施计划，例如一个包含采购数量、供应商可靠度和竞争力等关键参数的计分卡。
- 将措施落地，并报告成果。

供应商准入与发展的最佳实践展示了成功企业是如何发展他们的供应商的。企业必须保证所需资源的供给，且这些资源全部用于供应商发展与共同价值创造，通过这种合作关系，双方获得的价值比以往任何时候都大。重要的一点是，企业不仅需要关注本土区域，同时要着眼全球范围。为了实现此目标，供应商必须参与到客户的业务流程中去，建立与客户一致的目标，必要的时候双方甚至可以签署一份保证协议。双方应保持开放的沟通，同时保证学习和进步的空间。

很明显，这些最佳实践同样会辐射到采购博弈棋盘的临近区域。任何情况下，供应商发展的关键在于有目的性地改善买方企业与供应商的关系，并将其培养成能够做出重要贡献的伙伴。除了发展新供应商之外，这一过程还包括培养现有供应商，使其能够提供新产品。

供应商发展也适用于一些在技术或质量上不能满足采购企业需求的低成本供应商。任何一家准备实施该方法的公司，都应该做好花钱的准备，但最终企业一定会从中受益。花钱的地方有很多，比如投资、保证采购量、技术交流、初期的溢价等。考虑到与供应商的合作是长期的，所以任何在这方面进行必要的投资都是值得的。

第 4 章　采购博弈棋盘®

> **案例分析：一家大型 MRO（备品备件）公司利用供应商发展策略提升了其供应商的多样性和绩效表现**
>
> 　　一家位于北美，在行业内领先的 MRO（备品备件）企业意识到，自己履行社会责任为小规模的弱势供应商提供业务机会的同时也能够帮助其客户完成政府下达的指标。在这一战略的指导下，一个提升供应商多样性的项目应运而生。该项目旨在发掘拥有巨大潜力的小规模供应商，帮助它们发展壮大。例如，有这样一家由女性创立的企业，它能够提供独一无二的产品，对这家 MRO（备品备件）企业现有产品线做有效的补充。该企业为这家小规模供应商提供培训支持，加强其营销、库存管理和定价能力。此外，该公司在其每年举办的大型贸易展会上，为它们提供了非常可观的参展折扣以支持其参与。在这样的展会上，供应商有机会与采购企业代表进行交流合作，寻找共同开发产品的机会。
>
> 　　一年后，这家由女性领导的企业实现了在订单获取、服务水平、市场情报以及定价能力等众多方面的提升，自身业务扩展了 12 倍以上。这家小规模企业的成功在当地引发了巨大的反响。此外，该 MRO（备品备件）公司在供应商发展上的投资，也满足了其客户对小规模企业扶持的数量要求，进一步推动了销售增长，巩固了该企业与客户间的关系。

G6　总体生命周期概念

　　所有的产品，无论是汽车、快速消费品还是高价值资产产品，都有它们各自的生命周期。销售量下降就预示着产品生命周期即将结束，公司将不得不从头开始,要么对产品进行修改以更符合顾客的需求,或者投放全新的产品。

总体生命周期概念力图描述从产品上市开始,采购方与供应商之间的合作情况。一般而言,每个产品都会经历五个长短不一的生命周期阶段:

引入期:引入期的销售额逐步上升,而此阶段的销售情况主要取决于营销推广的力度。但是,由于前期产品研发阶段所产生的费用以及产品宣传的不断投入,所以此阶段毫无利润可言。在引入阶段即可判别市场对于该产品的接受程度。当达到盈亏平衡点的时候,该阶段结束。

增长期:增长期是盈利的开始。该阶段的主要特点有:快速增长,并通过更高层次的营销活动加速增长。然而,一旦销售曲线呈递减趋势,该阶段便结束了。

成熟期:由于产品不再需要密集的宣传,而且规模经济的效益已经产生,此时会实现最高利润点。但是该阶段的后期,由于竞争加剧,利润开始下滑。但不管怎样,此时产品已经有了最高的市场份额。

饱和期:一旦市场增长停滞,饱和期就开始了。此时,销售收入与利润都会下降。可通过对产品的修改或者产品二次推广来延长此阶段。

退化期:最终,市场萎缩。想要抑制销售收入下跌已不可能,市场份额随之下降。利润也同样回落,此时需要考虑重新调整产品组合。

想要从一代产品获取高额销售收入与利润,必须不时地提高产品吸引力。在汽车行业,经常使用"主要部件升级"或者是"改款"这样的术语来表述这样一种情况。在这两种情况下,产品的基本技术架构没有太大变化。通常被直接替换掉的是那些创新周期短（如电子产品）或者潮流配件。

为了使产品升级能够以更为经济合理的方式进行，可事先与供应商确定产品生命周期中的重要里程碑。然后详细地说明在整个产品生命周期中企业与供应商之间将如何分摊销售收入和产品更新所牵涉的费用。

> **案例：军用设备的产品生命周期**
>
> 除汽车行业以外，总体生命周期概念运用的例子还可以在军用设备领域中找到。为了控制预算，军队通常不去购买新的系统，而是更新他们现有的系统。波音 B-52 的例子可谓创造了历史记录。作为高空核动力轰炸机的波音 B-52 于 20 世纪 40 年代晚期研发成功，并于 1952 年 4 月 15 日首次试飞。制成的 744 架 B-52 中的 90 架至今仍在服役，并计划一直服役到 2040 年，从而成为军用飞机领域有史以来服务年限最久的机型。所以，许多驾驶波音 B-52 的飞行员的年龄比波音 B-52 飞机要年轻得多。
>
> 一直以来，波音 B-52 的现代化配置升级从未间断过。从 1971 年到 1976 年，服役中的 270 架 B-52G 与 B-52H 配备了电光系统以支持低空作业。该电光系统由一个红外照相机和一个带有余光放大器的镜头组成。到了 20 世纪 80 年代，波音 B-52 配备了更加新型的设备。例如，1980 年至 1986 年期间航空电子体系的实施。1982 年到 2005 年，B-52 是美国军队中唯一配备了巡航导弹的飞行器。1994 年，电子化升级加快，机队添置了 GPS 接收机与编码通信装置。2006 年 6 月 16 日，美国国防部宣布与波音公司签署了价值 1.5 亿美元的合作项目"智能武

> 器集成新生代（SWING）"，以此对 B-52 上的电子器件和发动机悬挂系统做进一步的现代化改造。

G7 基于项目的合作伙伴

　　基于项目的合作伙伴指的是两个或多个公司之间所建立的有意义的合作关系。此类合作是限于特定时间或范围的。如果只是想借助彼此的长处，但还没有考虑到长期的合作，采取这种合作方法不失为一种明智的选择。比如，当一个采购公司正在寻找一个研发供应商开发某新产品的时候，可考虑使用该方法。在这种情况下，基于项目的合作会在产品的生命周期内和规定的产品范围中开展。基于项目的合作将以相对较快的速度带来效果。为了确保该方法的顺利实施，有以下四个前提条件需要满足：第一，必须清楚界定任务分配与两个合作者之间的能力。这样，可避免两者间的纠纷以及重复劳动。第二，对于合作的项目，应清楚确定时间的安排，有明确的截止期以及每个阶段的主要事件。时间计划是为了确保项目能够有目的的实施。同样，还应该包含以下内容：为不可预测的事件留有足够的缓冲时间；可能发生的需要修正的状况；在不能按时完成阶段性任务的时候，如何退出；项目结束时所要做的总结。第三，清楚定义的决策组织。企业必须建立相应的机制来确保最终的决策，并且在发生纠纷时发挥调解作用。最后一个重点是，明确定义合作者之间应如何分享项目的成果。

　　除了上述方面，基于项目的合作还要求合作者（尽管受限于时间与范围）有高度的相互信任与密切的合作。

> **案例：为一辆高性能汽车开发的排气系统**
>
> 一家排气系统的供应商被一个汽车制造商选中，与其共同开发推出一种高性能的新车型。供应商被委托供应整套排气系统，包含了排气歧管、催化转换器、前排气管、前消声器、连接管、中间消声器、后消声器、排气瓣与排气尾管。借助于声学工程，排气音是该汽车品牌的标志之一。从项目一开始，双方的工程师就开展了紧密的合作。供应商派遣工程师前往汽车制造商现场，在需要的时候为汽车制造商提供必要的专门技术支持直至投产。在成功地进行批量生产之后，供应商的研发团队将开始另外一个项目，可能仍然是与这家汽车制造商合作，也有可能是与它的竞争对手合作。

G8 利益共享

利益共享指的是供应商与客户一起面对机遇和风险。前提条件是供应商对业务的成功将起极大作用。对于"利益"的定义可以十分多样，因此，清晰的规则，互相的信任是取得利益共享成功的关键。

由于业务的成功依赖于双方的参与，双方都会为共同的利益目标而努力。

> **案例：分摊上下游风险，成为油气市场上的赢家**
>
> 一般来说，石油天然气企业70%的成本用于支付给第三方服务商，而非油田运营本身，由此可见这些企业很大程度上依赖于第三方。但

> 与这些服务商的传统合作方式,如一揽子打包付款或实报实销,却已经过时了。
>
> 最近这种情况发生了变化。2011年,墨西哥石油公司(PEMEX)开始采取行动,在与其关键供应合作伙伴——英国石油服务巨头派特法石油工程公司(Petrofac)签订服务采购合约时,引入了利益共享机制。
>
> 根据合同约定,派特法负责提供集成一体化的解决方案,对墨西哥石油公司重新开发的两块油田的管理和维护业务进行优化,提高油田产量。
>
> 在双方基于该利益共享模式合作的两年间,派特法帮助墨西哥石油公司将其两块油田的产量提升了逾45%。

线性特性定价

在设定目标价格的时候,多数企业都缺乏一种合理而又客观的依据。线性特性定价策略是一个识别技术性成本动因的方法,对于确定采购品类的单品价格具有关键作用,该技术性成本动因可以作为确立客观目标价格的基础。

对于简单部件而言,关键成本驱动因素(如重量)比较明显,直接采用"三法则"就可以决定它的目标价格。如简单的钢构件,以码或米为单位出售的产品等。

这方法看似直观,但难点却在细节处理上——鉴别关键成本驱动因素并不容易,所以成本效应很难被识别清楚。以铸件为例,重量以及模具的截面大小都可能是相关的成本驱动因素。

所以，难点在于如何从这些可能的成本驱动因素中挑出真正的关键因素。要解决此问题，可采用简单的关联分析法。通过关联分析，找出成本驱动因素与价格之间的关联度。与价格有最高关联度的驱动因素则可被视为相关的成本驱动因素。在确定了相关成本驱动因素以后，再使用"三法则"推算法，确定目标价格。

线性特性定价法适用于只包含一个相关成本驱动因素的产品，也就是说产品必须相对简单。原材料占比高的简单部件就非常适用该方法，如简单的铸件、粗钢、铜线等。较为复杂的、所牵涉的流程很多的零件不适合线性特性定价法。

> **案例：一家汽车供应商的非机加工件的采购**
>
> 　　一家汽车供应商购买非机加工的砂铸件。铸件的重量被作为判别供应商价格是否合理的依据之一。在对其他可能的成本驱动因素做了详细的分析以后，发现铸模的截面大小与铸件的价格有着更高的统计关联性。有了这种认识，以后就可以更准确地制定目标价格，避免昂贵的误差。以截面大小作为计算依据，公司识别出了约14%的节省（个别单品甚至超过40%）。

因素成本分析

还有谁不知道中国和印度劳动力成本较低呢？劳动力成本在各个国家

的情况差异很大；极端情况下，一些国家的劳动力成本相当于美国劳动力成本的 1/50。同样，土地成本、租金、废弃物处理或者能源在价格上也会相差很大。

因素成本分析旨在将以上差异可视化，并进行深入挖掘。整个分析包括确认现有供应商在产品制造过程中需要的资源。除此以外，还需要成本驱动因素的数据，如安装调试时间、生产效率、机器的小时产出率，或者主要材料的可选价格。一旦以上因素透明化，可将这些数据与其他供应商或其他地区的数据进行比较，从而制定成本结构优化战略。目标是建立一个供应商实施方案的选择依据。比如，削减材料成本的举措可能也包括联合二级供应商，或者（如果人员成本所占比例过高）甚至建议考虑迁址。

案例：北海钻井泥浆和生产用化学品

在石油钻探领域，泥浆这种油性或水性的化学浆液一般用于润滑钻头，清除油井上的切屑，提升钻孔稳定性。

泥浆必须具备特定的化学和流变特性，而这些特性由浆液中化学成分的混合物来决定。生产用化学品有助于碳氢化合物在被输送至炼油厂的管道中顺利流动，同时又能抑制腐蚀及其他不良反应。生产用化学品中也包含从化工行业采购的特定成分物质。

这类产品的供应商一般销售不同品类的产品，而且在市场上销售的产品是不公开配方的，对于产品中的原料成分没有人清楚。这就给采购人员带来了困扰，因为他们根本无法判断采购决策是否最优，而这是采购从业人员需要回答的基本问题。

因素成本分析通过化学分析或利用化学品安全说明书来推断产品原材料，使某个产品的基本成本驱动因素和价格趋势变得透明和易于理解。特别当这些成本因素可以与某些原材料指数进行挂钩时，将对揭示产品的成本结构有很大帮助，也便于采购企业根据终端客户需求调节不同原材料的使用情况。

采购企业在对上述钻井泥浆和生产用化学品这两个产品进行因素成本分析时，发现供应商的利润水平极高，而且这部分利润与产品原材料的市场价格波动之间毫无关联。此外，因素成本分析法还显示产品中的一些成分并不在采购企业要求的最佳浓度范围内。所以说，如果能够运用因素成本分析法，它将成为采购的有力武器。

H3 非捆绑价格

以前的普遍做法是公司直接购买集成的模块和系统，以简化其采购管理。但随之而来的问题便是产品技术或商业方面的信息不透明，特别是那些服务或研发成本所占比例较高的零件，或者对于那些整套买回，但部件可以清晰区分的产品。

非捆绑价格可解决此问题，使模块或系统的价格结构透明化。该方法是把产品或服务的总价分解到相应的价格元素中去，包括单个的部件或流程。通过此方法获得的透明价格可用于确定目标价格。

把模块或者系统分解成小的组成部分或者流程，可以通过以下两种方式来确定单个产品零件的目标价格：向潜在供应商征询单个组件的价格，或者基于特定的成本驱动因素（如成本回归分析、基于成本的价格模型等）进行成本分析，判别最终目标价格。

价格透明化可用作不同的目的。首先，用于与系统供应商的再次谈判中。其次，采购方可指定使用低成本供应商的零件。再次，完全放弃系统采购，而只购买组件。

案例：全球快销品企业的支出调查

一家全球性的快销品企业在食品和糖果细分市场中，通过积极地兼并收购在超过 50 个不同地区拥有众多当地品牌。由于历史原因，许多间接品类的采购合同都是在不同地区分别签署的。他们针对 6000 多辆运输车辆的支出进行对标分析，结果显示不同国家地区的采购价格存在巨大差异，同时与外部企业相应需求的服务进行对比，也发现了价格差异。

在对这些分地区签署的采购协议进行了系统的研究之后，工作团队终于发现了导致该企业处于这一境地的原因。目前大多数服务外包都使用打包合作模式，包括了管理、行政、车辆、财务、保险等各项费用。为了识别出哪些服务的花费占比较高，并判断是否将合同进行拆分来为企业带来收益，该企业发起了一系列市场调研。为了配合此次调研，该企业要求相关服务供应商针对每个服务的单项进行报价。这一过程中有的供应商可以覆盖所有项目，而更多的供应商按照其业务范围对个别项目进行报价。通过这个办法，该企业在确保整个车辆

> 租赁品类的整体效率的同时,为各单项服务找到最好的业务外包模式。他们还利用大量的业务分配情景分析,对服务外包模式的不同组合进行了评估。
>
> 最终,透过详细的分析,该企业认为最佳的服务模式需要将一些特殊品类作为一个单项独立出来。通过提高支出透明度,企业发现应充分考虑不同国家间的规模差异。与第三方运输企业合作,为企业提供欧洲境内的服务是最为经济的模式,这样做还能保证服务品质和政策合规。另外由于财务方面的原因,该公司将车辆租赁服务独立出来,全球分三个区域与供应商签订合同,以获得更优的商务条款。

H4 利用市场失衡

市场失衡通常只是一种存在于经济理论中的现象。该策略的目的在于系统地识别市场失衡状态,并力求在采购工作中加以利用。这样的市场失衡可能来源于地区间产能利用率的不同,不同的价格机制,或者汇率波动。

可通过对供应商市场的核心指标进行定期检查来识别市场的失衡。这些核心指标包括:不同类别材料的国家价格指数(考虑了汇率因素)或者某些行业的产能利用数据。通过了解这些核心指数的差异,或者通过对比国家间的差异,企业可对材料成本有全面的了解。比如,可能会发现某些成本会受特定区域的局限,而这一局限性可通过替换成另一国的供应商来消除。

> **案例：一家电车制造商对焊钢零件的采购**
>
> 直到最近，一家电车制造厂商依然是从西欧供应商那里采购焊钢组件。然而，旺盛的市场需求，以及由此带来的高产能利用率造成了20%的价格上涨。不幸的是，该电车制造商在短时间内无法更换供应商，不得不被供应商牵着鼻子走。通过对其他行业的产能利用率在不同国家的现状进行调研后，这家电车制造商得到启发并找到了相应的解决办法。例如，它们发现，东欧的造船厂正面临很多来自亚洲的竞争压力，而且正在经历产能的严重过剩。所以，电车制造商从这些优质的供应商那里得到了具有吸引力与竞争力的报价。虽然在短时间内更换供应商不太可能，但是潜在优质供应商在市场上存在的消息足以对那些威胁性的涨价起到一定的抑制作用。电车制造商利用之后几年与新的供应商建立了合作关系，并对它们的产品进行了测试与审核。

H5 供应商适应管理

对供应商来说，整体竞争力在建立客户关系时非常重要，正如其在求职者应聘过程中发挥的作用一样。运动时，健身是为了减去多余的脂肪，锻炼出更多的肌纤维，达到一个平衡的健康的身体状态。许多人会求助于私人教练，采用正确的方法，量身定制一个健身计划。

供应商适应管理也是同样的道理。它帮助企业找到正确的策略，采用适宜的方法，确认和实施成本降低的机会，帮助供应商改掉弱点，提升竞争力。

此方法与供应商发展的不同主要在于，供应商发展关注发掘新的供应商或者提高对现有小型供应商的利用率，而此方法更关注现有的大型供应商。目标在于改善现有供应商的成本状况。该方法包含了众多举措，会直接或间接地影响成本，并可以通过系统的项目来制定并实施这些举措：

- 准备与挑选阶段：首先，挑选合适的供应商。（供应商适应管理实际很复杂，并不能一刀切地用于所有供应商。比如，对于一家大概有8000家供应商的工业公司而言，这明显会过于复杂。）然后，可以制定针对某特定行业的问卷，并且对产品/流程标杆数据的内部及外部分析。同时，还应安排对供应商的拜访。这些初期工作的最终目的是了解供应商的整体成本结构以及产品组合。

- 寻找机会阶段：初期的供应商评估指的是流程的分析，侧重于采购与生产。识别成本削减的方法后，就要详细设计能够推动提升供应商适应性的各项举措，并对这些举措进行评估与跟踪记录。这些方法都需要以所识别的成本节省可能性为基础。

- 实施阶段：这一阶段的开始为试点实施，需要供应商与客户的紧密配合。接着，进一步地延伸试点项目，直至涵盖供应商的整个营运范围。

- 汇报阶段：对实施的结果以及实施的连贯性进行定期的评审。

因为许多公司自身并不具备从事这类活动所要求的专业知识，在该阶段通常会邀请咨询公司与客户组建联合团队，共同完成该类项目。

> **案例：一家电子消费品生产厂家的注塑控制系统采购**
>
> 一家高品质的电子消费品生产厂家发现自己陷入了利润困境。一方面，市场希望价格能持续下降，但是性能越来越高；另一方面，因为原材料的上涨，供应商不断提高它们的产品价格。这种状况尤其体现在由注塑件构成的外壳部件上。
>
> 外壳的供应商把上涨的价格归结于原材料的涨价以及过于严格的生产要求。后者导致了次品数量的激增。供应商只能利用人工，手动地将次品筛选出来。在实施供应商适应性项目过程中，这方面的问题得到了高度的关注。很快就弄清楚了造成了大量次品的主要原因是基于经验的注射式喷嘴的控制设置。
>
> 供应商被建议安装一个特殊的仪器与控制系统，此系统将根据位于注塑模腔内的热传感器的反馈强度进行自动调节。虽然投资额不大，但是收效颇丰，次品率几乎被降到了零，客户以低于以前12%的价格购进该产品。此外，注塑模具制造商还可以将仪器与控制系统用于其他客户，从而增加了自己的竞争力，又提高了收益。

H6 协作性成本削减

通常，公司的研发部门规模有限，但却拥有大量供应商。协作性成本削减策略可帮助公司借鉴供应商的经验与知识提高自身的研发能力。在降低成本的时候需要供应商的全力投入，作为回报，供应商将一起分享节余所带来的利益。节余所产生的利益分享极大地鼓舞了供应商,激发它们不断地寻找更新的成本削减方法,并与客户进行交流分享。

为了实现双方的伙伴式合作,建立开放的协作,有必要与已确定的最佳候选供应商开展系统性的交流。尤为重要的是要清楚直接地表达利益共享的愿望。

首先,收集来自供应商的各种方案。在此阶段,可向供应商发放标准格式的表格。由于很多供应商与个人都参与了这个阶段,所以提供线上表格可以简化工作。除了对方案的描述以外,表格的其他重要信息还应包括潜在节省的大小、实施所需的大致时间、实施的可行性以及需要的人力物力。这些基本信息有助于对不同方案进行优先级的排序,从而选择相应的方案。

保障成功最为重要的因素之一是对各种想法的优先级排序与筛选。在创意构思阶段,不应放过任何一个哪怕是很小的想法。但是应该加快筛选的速度,否则,如果想法过多又未经任何梳理将会影响所需资源,对后期实施构成阻碍。用"一叶障目不见森林"来形容此情景极为贴切。

接下来在讨论环节会对选中的想法进行可行性分析,这一过程涉及工程、质量、生产与财务等部门。通常情况下,由于供应商考虑不够周全会导致一些方案被排除。但是只要不存在什么障碍,就可以起草一个商业案例,制订实施计划,并明确规定相关的职责。

协作性成本削减还需要高度重视后期对实施的管理。许多公司与它们的供应商一同想出了很多的方案,但这些方案最终都失败了,原因就是没有一方认为自己要对方案负责。

> **案例：一家家用电器制造商的协作性成本削减**
>
> 一家家用电器生产厂家通过招标开展与供应商的年度价格谈判，成功实现了成本削减。为了实现更多的成本削减，该厂家启动了协作性成本削减项目。目标是与最大的供应商一起识别、评估和实施可持续的成本节省。厂家的高层对所有举措进行了广泛的讨论。这些举措包括，由采购部门总监撰写的发放给供应商管理层的私人邀请信，通过网络发送的视频信息以及专门举行的供应商日。
>
> 结果四周之内，50家供应商就提交了逾1000个建议。然后该厂商对这些想法进行归档、评估与实施。成本削减的想法涵盖了整个流程链，包括集中电话订单数量、用可回收包装替代一次性包装，以及放宽质量要求等各项措施。

H7 基于价值的采购

零售行业的采购在关注成本的同时也关注价值创造。如果消费者对产品本身没有兴趣，就算采购可以削减10%的产品成本也于事无补。因此零售行业永远关注整体价值：如何通过采购决策提高单位货架的利润率水平。价格或者说降本，对于这个行业而言并不是至关重要的，供应商如何帮助采购企业提高可用货架空间的绝对利润水平才是重中之重。一方面，这取决于供应商的创新、市场推广和宣传等方面的能力；另一方面，其他因素如品牌知名度、产品可替代程度、推广效果、产品种类也对利润率有一定的影响。

很多零售企业重点关注年度谈判、市场份额和销售额，但其实依靠先进的分析工具探索和识别投入产出比最高的驱动因素才是未来的发展方向，而且这不仅仅适用于零售行业，很多其他行业也是如此。

> **案例分析：某零售商运用基于价值的采购方法实现价值最大化**
>
> 某北美零售商进行了品类绩效调查，在详细分析了相关数据之后，制定了包括所有费用和价格让利在内的成本基线，以计算其总体利润率。这样一来，供应商就能够根据这些信息，通过包括定价策略、促销推广、产品组合优化等手段为该零售商量身定制符合其业务要求的增值方案。
>
> 该零售商还重新界定其业务需求和商业限制，如物料数量上限、品牌数量上限、每条产品线最少物料数量等，为之后的优化方案打下了基础。通过运用强大的模型优化软件 AIMMS，该零售商优化了产品组合，提升了总体价值。同时，在优化过程中，该零售商与供应商进行交流反馈，不断改进与供应商的合作方案，制定出实现共赢的最优方案。

H8 战略联盟

战略联盟特别适用于两个具有互补优势的公司，且双方对它们的合作伙伴关系都能做出对等的贡献。通常，当某一家公司不愿意或者无力在内部维持某种战略能力，或者当没有垂直整合的可能性时，战略联盟，即与某一合作伙伴的长期合作关系应运而生。比如，企业间的战略联盟可避免在产能利用率过高时的供应瓶颈。

战略联盟的核心要素是长期性，也就是说，不具备项目制合作的局限性。但这并不意味着战略联盟的关系会一直持续下去，当任何一家公司的战略方向有所改变时，战略联盟的关系就可能会终止。然而，长期性仍然是战略联盟的显著特点。

建立战略联盟时，需要注意以下几点：首先要确定一个管理模式。管理模式的形式有：一般的商业协议，如简单的外包合同。除管理模式以外，还需要明确双方的相互管控机制。战略联盟是建立在相互信任与公开的基础上的。

战略联盟同样需要具备有效的风险管理。当市场越不稳定、不可预测、变化异常时，只依赖于一个合作伙伴的风险就越大。所以，采购公司必须足够灵活，能够及时纠正联盟行为，必要时甚至终止联盟关系。

对合作伙伴的挑选和评估是建立战略联盟的基础。在评估阶段，应为双方的磋商留有足够大的空间，便于互相了解以及质疑对方的观点。只有在此之后，才需要以书面的形式记录下双方达成一致的正式内容。一旦联盟建立，关系的管理（此关系不会是采购中唯一的密切合作）将会是一项要求很高的工作。

如果缺乏一个包含成功或失败要素的管控模式，想长时间保持这样的战略联盟将非常困难。如果一个合作关系已经存在,有很多方法可以使这样的关系更稳健有效。有鉴于此,以下的问题将值得采购组织考虑:我的合作伙伴是否满足了可帮我维持价值承诺的要求?我可以利用合作伙伴的哪些能力作为市场竞争中的资本?其他合作伙伴是否也能做出同样的贡献呢?另一方面,对于我们的合作伙伴而言,我们自己的业绩有多重要、具有多大的影响?其他的公司又是否能替代我们并对联盟做出同样的贡献呢?关系是否是建立在公平的付出与获取之上,还是一方比另外一方付出更多?

总之,不管是那些正积极寻求新的合作联盟的企业,还是希望能与当前合作伙伴建立长久的合作关系的企业,都应该坦诚、直接地与另一方进行积极的交流,特别是在问题发生的时候。如果合作双方中有一方的所有权发生变化,虽然会涉及整合的问题,但依然建议保持市场透明度,使局外人可以清楚地看到合作双方都分别做了怎样的贡献。

案例:SMART 联盟

SMART 是汽车行业中制造深度最浅的一家公司——供应商所提供的附加值不低于 90%。为了改善合作关系,SMART 与五家系统合作伙伴建立了战略联盟,统称为 SMART 联盟。德国蒂森克虏伯集团(ThyssenKrupp)提供后桥驱动,加拿大玛格纳公司(Magna International)为 SMART 生产乘客安全模块,油漆工作由 Paintshop SMART 完成,德国大陆集团(Continental)则负责驾驶舱模块的生产,瑞典 Plastal 制造车身壁板,而 Magna Uniport 则提供了车门与天窗模块。

如此浅的制造深度也体现在其员工数量方面：SMART 的员工数量是 1000 名，而 SMART 联盟合作方的员工数量则翻了一番。SMART 的生产完全不受库存影响。所有的零件都是按时有序交付的。也就是说，所有的供应商都知晓整车的订单数据，然后按 SMART 工厂的要求准确有序地发货。而 SMART 的主要任务仅是最终的整体测试。

第5章 未来之路

每一天，我们都与全球范围内正在使用采购博弈棋盘的采购高管保持着联系。许多人邀请我们将此工具介绍给他们所属的公司，也有一些人选择不借用外部帮助直接去实施这个工具。无论如何，采购博弈棋盘已经深入地改变了采购。如我们所预料的一样，采购博弈棋盘极大地增加了采购的外部有效性——削减成本并与供应商共同创造价值的能力。然而，它所带来的好处不仅限于此。我们很欣喜地发现，这套工具似乎已经改变了采购部门对自身的看法，同时也改变了采购与其他职能部门互动的方式。运用采购博弈棋盘的采购团队看起来更加主动，为与企业内各职能互动做好了充足的准备，且更加积极地去与其他利益相关方合作。

当然，任何事物都有两面性。过于激进的采购部门也会造成一些负面反响。那些担心采购部门会干涉自己业务的利益相关方往往会质疑采购部的成功，在本章节稍后会对此给出解决方案。首先，让我们来总结一下观点、研究成果以及在应用采购博弈棋盘过程中的一些观察。

5.1 采购博弈棋盘应用模式

在最近的一个由数百位全球知名企业的采购管理层人士参与的调查中，95% 的人表示知道采购博弈棋盘，而 80% 的人则或多或少地正在使用它。进一步分析可知，采购领先企业和追随者之间的巨大差异显而易见。跨行业来看，采购领先企业（那些表现持续优于竞争对手的公司）平均使用采购博弈棋盘方法的数量是追随者（那些表现持续低于领先水平的公司）的两倍。更进一步看，这种差异会变得更加清楚——追随者几乎完全只是局限于棋盘下半部分的方法。当遇到供应方拥有极大博弈力的时候，它们会立刻退缩，或者更糟糕的是选择一些适得其反的方法。

有七种在棋盘下半部分的方法常常被这些追随者使用：

- A2 合规性管理；
- B1 合同管理；
- C1 跨产品线整合；
- C2 供应商整合；
- D1 跨单位需求量捆绑；
- E3 供应市场情报；
- E4 信息征询函/询价函流程。

而他们最缺乏运用的方法无一例外都位于棋盘上半部分：

- A8 按需创新；

第 5 章 未来之路

- B8 利用创新网络；
- D5 复杂度简化；
- H6 成本降低协作；
- H7 基于价值的采购；
- F7 可持续性管理；
- E8 价值链重构。

一个有趣的发现是，追随者最常用的方法全部都属于传统的采购范畴，并且只需要很少的跨部门协作。相比较之下，最缺乏运用的方法往往都需要持续性的跨部门协作。所以，我们需要仔细研究运用棋盘所需要的跨职能部门协作的能力。

跨部门能力纵览

我们发现，某些方法的使用需要采购部门与其他职能部门甚至第三方沟通与合作。这些职能部门协作集群的分布概况如图 5-1 所示。

核心采购板块

这是需要最少跨部门协作的板块。它包括了每一个战略采购者必须拥有的能力，例如易于供应商使用的信息征询函、采购量整合、逆向竞标。在 10 年前，掌握这些经典的技能被视作是非常出众的。而在今天激烈变化的环境中，这些仅仅是一个初级采购员入门的基本技能。

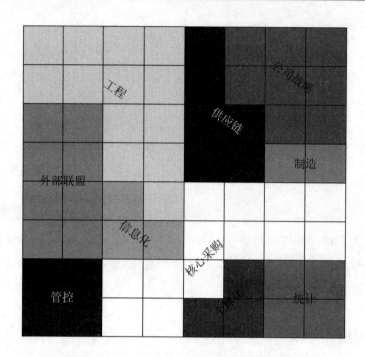

图 5-1 战略采购所需的跨职能部门协作分布

管控板块

管理需求以及利用现有合同是采购部可以直接规划的事情。合同的执行，特别是保证合规性需要采购与财务建立紧密的关系。

全球化板块

采购可以牵头去捕捉日新月异的全球化环境中的机会，而达成此目标则需要内外部相关方的紧密合作。工程师需要在一开始便参与其中以便适应来自其他地区的新供应商。公司高层需要与新兴市场的企业家建立关系。咨询师、贸易组织、商会等都可以为此提供协调和帮助。

外部联盟

与第三方合作来取得博弈优势的做法远超出了传统采购的范畴。建立采购联盟或者收购另外一家公司通常会涉及公司最高层的决策。除了最初阶段的创新思维，采购更多的职能是与各方面的（诸如财务方面的）专家一起合作，实施方案。

信息化板块

在计算机技术爆炸式增长的今天，使用智能工具从数据中截取信息已经变为可能。通常而言，分析能力无法直接在公司内部获得。采购部门可以牵头开展新工具的学习运用，并且让其他相关方（例如销售与市场等部门）从实践中获得益处。

统计板块

分析现有的成本资料通常需要具备高级的分析与统计能力。在大量的案例中，这些能力要么在传统的采购部门中不存在，要么需要通过采购部门与其他可能具备这些能力的部门的协作（例如市场研究部门等）来建立。

制造板块

在这一板块中,采购部门利用内部的制造优势来改善供应商的生产运营。对于汽车制造商来说,这已经是一个运用了几十年的实践。而对于其他行业,这正在成为一个标准。

工程板块

在采购博弈棋盘左上角的不利位置不是一个必须被接受的现实。改变规格,标准化采购物料是一个有效的改变这一状况的方法。然而,采购部无法独自去做这件事情。它还需要来自工程部门的有力支持,并改变守旧的观念和传统的思维方式。

供应链板块

在传统观念来看,供应链板块是制造板块和工程板块的中间纽带。利用公司内的供应链专家,改善从原材料采购、销售一直到最终客户的整条供应链。将与供应商跨区域互动的性质从挑战变为帮助,再到合作。

公司战略板块

对于采购而言,这也许是最具有挑战性的,同时也是潜在回报最高的。集团战略板块需要采购具备全面的视角。建立具有说服力的战略愿景,获取各方支持,组织协调利益相关方的会议都是所需要具备的关键能力。

当提到跨职能协作,利益相关部门不禁会问:"这对我们有什么好处?"一个可能的解释是:近年来采购掌握的分析工具已经成为吸引其他职能部门寻求与采购部门合作的重要原因。

借助分析工具

我们希望在整套采购棋盘中先进分析工具能发挥越来越重要的作用。首先,诸如 Excel 改变了采购部门分析数据的方式,随后互联网改变了从供应商选择到线上竞拍这一系列过程的运作方式。今天,先进的分析工具已经成为区分和驱动采购棋盘上许多策略的重要载体。

以下几个典型例子可以说明分析工具所带来的优势:

- **解释性竞标**:供应商可以自由选择对自己最有利且最具竞争力的报价组合。协同优化工具可以自动找到最优的价格和采购量组合。
- **基于价值的采购**:分析工具可提供价值优化模型,较多应用于零售行业中。
- **可持续性管理**:一套复杂的风险评估系统能够从产地和品类信息中筛选出有风险的供应商所在地。
- **成本回归分析**:这套统计分析方法能够通过分析零件规格计算出应该成本,为与供应商的谈判做准备。
- **支出透明化**:人工智能算法可以精准地将企业支出按品类划分。

几乎所有采购博弈棋盘中的方法都涉及先进的分析工具,任何一个优秀的采购组织都在逐步提升对先进工具的应用。

仅仅是掌握了棋盘博弈采购法并不值得采购团队沾沾自喜,不断创新并优化应用模式才是关键。

5.2 采购博弈棋盘的创新运用方式

创新性的应用采购博弈棋盘可分为以下四类。

逆向运用：规划产品战略时，将采购博弈棋盘作为一种创新工具来使用

采购博弈棋盘的逆向运用可能是最不易理解的。基本上，当建立一个产品战略时，我们需要考虑供应和需求可能随着时间改变的情况。尤其是对于原材料，供需力量的此消彼长会基于包括经济活动/周期和政局稳定等在内的很多因素。例如，氢氧化钠的供应与需求是受以下因素影响的：建筑活动（它的副产品氯主要用于 PVC 的生产，而 PVC 本身又主要用于房屋壁板、管路、窗框的制造）；铝和纸的市场（氢氧化钠主要用于纸浆和纸以及铝工业；产能不足可能是由于汽车行业对于铝铸件的需求过高造成）；运输的可获得性（作为低生产成本但却有特殊安全要求的液体产品，远途的运输会显得太贵）；最后，环境管理（通常是针对副产品氯和它的衍生品）。

采购博弈棋盘的逆向运用可以帮助管理者建立一套应对商品供需能力变化的战略。采购博弈棋盘能够帮助管理者系统地审视和验证商品的每一种市场战略，构建一个头脑风暴的平台。综合考虑企业的整体战略，潜在节余机会，需要的投资和精力投入等条件，筛选可能的方法并汇总成一个列表，最终确定针对该商品的详尽的产品战略。这一套方法可以应用于短期、中期甚至长期的商品战略规划中。

运用采购博弈棋盘为大型固定资产项目建立供应商管理战略

资产密集型企业可以运用采购博弈棋盘为大型固定资产项目的采购订单分配建立最优化且具体的方案。使用采购博弈棋盘降低采购成本对于整个项目有非常大的帮助。通过在项目工程的各个环节（设计、采购、施工，EPC）引入竞争，规定和管理信息沟通，大型固定资产投资项目可以更加高效地运行。

为了制定最优化的采购战略，整个固定资产投资项目可以被分为纯资产部分（如某钢铁企业的铁矿山开发），主体部分（如高炉）和基建部分（其他设施）。对于纯资产和主体部分，基本上只有非常少量的，拥有很高供应博弈力的供应商。基建部分的市场则往往比较分散。尽管如此，通过整合在主体部分和基建部分的市场洞察，将这三部分在采购博弈棋盘上的定位显性化并且差异化，采购方需求力可以得到明显的提升——基建部分将固定资产投资从左上角带到了中间或者甚至右下（大多数情况下的）。基建部分可以从非常多的供应商处购买，也可以由一个第三方集成供应商（例如总包）整合，或者，当有足够专业知识时，在公司内部整合。

运用采购博弈棋盘来规划与执行集团战略

一家大型化工企业首次将采购博弈棋盘应用到战略执行层面。这家企业的竞争对手包括几家规模较大的同类企业和众多小规模企业。正如那些未实施垂直整合的小公司一样，这家化工企业曾经主要从一家供应商处采购特殊化学品，这家供应商在过去几年通过积极的收购整合和产能管理，在该细分市场处于寡头垄断地位，连续几年抬高产品售价。

起初，该公司的采购部门想要打破供应商的垄断局面，但是随着对棋盘博弈采购法的学习和掌握，该公司的想法发生了根本转变。虽然表面上这家供应商一再涨价对所有采购企业都不利，但事实却并非这么简单。在这一过程中，规模较小的化工企业会对涨价更敏感，最后可能会退出市场。而对于该公司来说，由于其体量较大，所以涨价对其影响有限，甚至还会因为小公司们纷纷退出，竞争对手变少而受益。

但是长期的不作为又会导致供应商持续加价，大量的价值将会从采购企业转移给供应商。于是该公司设计了城堡战略（castle move）和主教战略（bishop move）。城堡战略即对供应商施加令人信服的威胁，迫使其与采购企业开展互利互惠的合作，该战略一般适用于买方市场。一般而言，城堡战略意味着将各类添加剂分离成单独的成分，并开发替代品。主教战略则更进一步，即从低成本国家的供应商处购买替代成分。在实施这两种战略时，选择时机至关重要。当然，只要这种特殊化学品保持低价，那么什么都不做也是可行的。

一旦价格高到某种程度，小公司们纷纷被逼开始退出市场后，最有趣的部分就开始了。城堡战略可以使该公司相对于其他竞争企业处于更有利的地位。过早实施主教战略可能会使小公司获利，过晚则会使供应商有时间巩固自己的垄断地位。因此，一个可以不断进行监测评估的控制系统应运而生。有了上述谨慎细致的决策，该公司最终得以在一个动态的供应市场中保持住领先地位，并能够自主选择最佳的获利和竞争战略。通过一段时期的努力，现在该公司在供应市场中掌握着较强的话语权，并借助其在价值链上的优势实现了较高的盈利水平。

管理动态变化的产品生命周期

同一家化工企业又为我们贡献了另一种方法的实际运用案例。其采购的另一个品类的更新换代速度非常快。而当这家企业将对市场的观察和棋盘博弈采购法结合起来时，得到了许多有趣的发现。

一个新产品一般定位于采购博弈棋盘的左下角。虽然消费者对新兴事物很感兴趣，但是他们也需要一些时间来改变以往的购买习惯，这就造成了需求整体不高。同时，新产品的产量通常也不会太高，质量水平也无法保证，导致供应整体偏紧。

随着消费者慢慢接受该产品，需求量逐步提升，这时供应商会对增加额外产量持谨慎态度，逐渐把该产品推到棋盘的左上角位置。

当该产品在市场上真正火起来的时候，供应商将会忙着提高产量，其他精明的投资者也会跟风。对未来策略的选择需要一个稳定的产品需求预测，所以供应商也倾向于与采购企业保持良好的合作，将该产品推到右上角位置。

最终，该产品成为市场主流，多家供应商开始售卖正品或替代品。这使得该产品下降到棋盘右下角的位置。此时，一定会有一家供应商已经开始着手研发另一款新产品，重启整个循环。

该公司内的一个工作团队决定通过改变品类管理方式来打破上述看似一成不变的循环。他们建立了几个小分队负责采购棋盘上的三个象限（或者说是三个战场）。第一队负责左下角，旨在发现竞争开始之前的潜在创新点。第二队负责左下角到右上角的部分，旨在同供应商组成战略联盟。

两队共同的任务包括保持采购企业的优先权,即在别的竞争对手之前抢先赢得创新产品,这样能避免公司卷入第三个战场——棋盘的左上角部分,在与特殊化学品打交道的战役中,该公司学会了如何艰难地避免进入该战场。第三队负责利用供应市场的竞争来优化成本。

本章节至此的所有内容恰到好处地描述了那些充分利用采购博弈棋盘的采购组织是如何调动其他职能部门和高层的。与以往不同的是,这些采购组织不再是被动的、基于交易的内部服务提供商,而变得有自信且更加主动。显然,不是每一个人都对此满意。相比较一个传统的、被动的服务提供商,一个在战略上整合的采购组织更有可能在取得的成果方面被质疑和挑战。我们为此提出了 ROSMA^{SM} 供应管理资产回报模型。

5.3 ROSMA^{SM} 供应管理资产回报模型

当今多数企业可以通过大量的关键业务指标来快速评估其业务健康程度和绩效。每季度的分析报告可以反馈给投资者大量的信息,包括设备利用率、常规营业收入、客户合同续签、订单完成率、经济附加值(EVA)目标以及业务和地区部门的净现金流量预估等。

然而,尽管采购领域正在大步向前发展(相较于其他商业领域仍发展较晚),采购管理的绩效在这些分析报告中仍难觅踪影。事实上,我们的研究表明,首席财务官在公开场合提到"安全"的次数是提到"采购绩效"的 400 倍,"销售业绩"是其 360 倍,而"生产绩效"则是其 100 倍。我们似乎在熟练运用一个多世纪前就已经达到先进水平的管理科学和信息技术的同时，仍然缺乏可以量化处理采购优化和绩效管理的手段。无论是公共部门或私营部门，都缺乏对采购职责权限、汇报关系和绩效表现的细致的审视、探讨和优化。由于采购的物料和服务在多数工业企业的价值链中占有举足轻重的份额，同时也是价值链上其他环节的输入，这种现状怎么还能继续呢？企业需要有远见的领导者来定义和建立一套可以清楚说明采购经济效益的方法，并以此为采购优化打下基础。

任何一个读者、学生或者采购博弈棋盘的拥护者都知道，采购是一个复杂的、跨学科的综合团队工作。很多变化因素以及复杂的市场供需动态、支出管理、流程管理、规格和要求的设置、财务管控等都增加了采购绩效管理工作的难度。ERP等系统帮助企业把看似零散的企业活动用有组织的单元化的输入和输出串联在一起，与此非常不同的是采购活动在流程中的每一步和每一个决定都是相对独立的。这样看来采购绩效指标的量化成为管理指标中最后的"处女地"就一点也不奇怪了。这是一项让人极其痛苦的复杂的任务！我们需要的是实际的可供讨论的框架，以使采购绩效管理的探讨可以更为清晰和完整。

在最近为客户实施项目的过程中，我们开发了一系列指标用以判断供应管理的生产力，这些指标引起了一些经验丰富的成功采购领导者的有益的激烈辩论。我们与其他的首席采购官分享了这个框架，收到了更多鼓励的回复。通过与更多客户的合作和多次的修正并验证了一些新的观点，我们提出了供应管理资产回报率模型，我们相信该模型将推动供应绩效管理向前迈出一大步。认同供应管理资产回报率模型的采购人员，主要来自那些倾向于更先进的绩效管理模型（如 EVA 激励体系或者首席财务官计分卡模式）的企业。事实上，相当一部分首席采购官曾经任职首席财务官或者至少有非常强的财务背景。图 5-2 为 ROSMA^{SM} 模型和价值驱动力树状图。

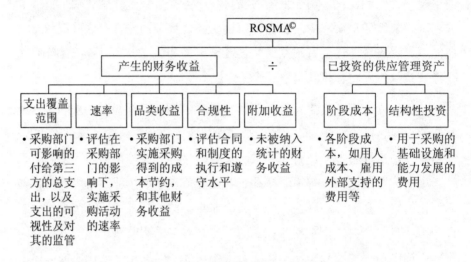

图 5-2　供应管理资产回报率模型

ROSMA^{SM} 最大的用途是量化采购资源的经济效益。更明确地说，它是对采购组织的投资及其活动所创造的"有形"财务结果。从不断扩充的对标数据库中我们发现，ROSMA^{SM} 绩效处于"中游"的 80% 的企业得分在 3.8 至 11.2 之间，但在余下的企业中，有一部分成绩不佳，而有些则十分突出，单一年度的得分接近 20。尽管此综合评分非常有益并且将成为华尔街分析师在未来定期问询的数据，但是真正使得此模型脱颖而出的是对绩效和其深层驱动力的理解，以及由此理解产生的可付诸行动的有价值的洞察。

采用 ROSMA^{SM} 模型可以创造的经济效益总结如下：

支出覆盖范围

30年来,科尔尼公司帮助企业通过改善采购实践来提升价值。最为常见的影响采购绩效的因素之一就是采购部门对于支出的有限影响力。我们研究发现,领先的采购组织相较于一般的企业对于支出有更大的影响力。简单地说,假如你看不见、摸不到、影响不了支出,那么也绝对无法影响支出带来的价值、质量和结果。

速率

戴明在20世纪80年代提出了产品生命周期的价值和重要性,因为其事关创新、实物供应链绩效和上市速度。采购速率与产品生命周期类似,对采购绩效在多个层面上起关键作用(订单频率、订单量、团队效率等)。2009年,在低迷的经济环境下,领先的采购组织执行的采购活动覆盖了更多的支出,充分地利用了市场环境,缩小了财务绩效差距,取得了很好的成果。尽管大多数企业在2009年和2010年都提高了采购速率,但领先企业和一般企业的差距仍然很大。这并不意味着最大化速率是最优的策略,事实并非如此,每个品类都有由其自身特点决定的采购频率。

品类收益

品类收益是采购活动直接产生的两项收益的其中之一。几乎所有64种采购博弈棋盘方法都直接或间接地降低了产品单价,或者称其为品类收益。品类收益仍然是采购工作的主要衡量标准之一。我们发现品类收益在不同企业之间有巨大差异,甚至对于同一类产品、相同行业、相同时间段和同一地域而言，也普遍存在差异化的品类收益。

合规性

在过去 15 年间，企业耗费巨资进行技术开发，以提高 R2P（请购单到付款）流程和支出的可视化程度。但是系统本身无法确保采购操作的合规性。我们发现价值损失（实现的成本节约与采购过程中合同约定的节约的差额）即使在拥有先进技术平台的企业之间也存在巨大差异。技术可以改善支出的可视化程度，合规性管理当然可以从中受益，但这还不够。只有当采购合规实现制度化、可视化并被严格执行时，才能保证合规性达到领先水平。

附加收益

附加收益是采购博弈棋盘直接带来的第二项益处。通过供应商创新、实现总拥有成本管理而取得的收益（改善流程、简化规格要求、削减质保支出等）、剔除或削减开支、有效避税的流程设计、优化的选址策略以及易货交易，企业可以实现附加收益，包括更高效的资本运营、可靠的实质收益和有收益的业务增长。我们的经验表明，小规模的战略采购项目（支出复杂程度较高的项目）一般都可以得到比预期更大的收益。

总结来说，采购活动产生的财务结果是由以上提及的各项因素（支出覆盖范围、速率、品类收益、合规性和附加收益）来定义和驱动的。之前提到过我们观察到数百家企业在各个驱动因素上的表现参差不齐。由此可知，企业定位价值、快速并持续获取价值的能力是存在差异的。显然，采购管理仍然落后于其他管理领域，而且仍然需要继续追赶领先者。当资深的企业管理者认识到供应管理可以带来总体价值后，他们常常把打造世界领先的采购绩效作为当务之急。但是当遇到一系列棘手问题时（对品类管理权的决定性争夺，对影响供应商关系的顾虑等），领导层多数选择将必要的改革搁置。已经开展改革的企业和搁置转型的企业之间的差异巨大，不仅体现在上文提到的绩效驱动因素中，还存在于企业对于供应管理的投资上（ROSMA^{SM}指标的分母），这就是接下来我们将要探讨的内容。

最近我们与一家拥有百年历史的企业 A 公司展开合作。A 公司在目前高速增长的市场中与同业企业一同保持着较高的盈利水平，其在大宗商品采购方面很有竞争力，并且按区域进行着稳健的管理。

一位在其他行业具有丰富战略采购经验的高管加入了 A 公司，并将我们介绍给了她的团队。最开始，我们建议通过实施战略采购减少 10% 的成本，但是这项建议被公司其他高管视作无稽之谈并拒绝采纳。几经争取之后，我们有幸得到机会来证明采购可以带来的附加价值。

作为诊断评估的一部分，我们发现这家企业没有中央领导或支持的采购组织，数十亿的支出没有经过战略采购管理就花费出去了，并且过去 15 年间缺乏对于先进采购工具、人才和流程的投入。人事部门的数据显示有超过两百名从事采购相关工作的员工（而非采购岗位）就职于组织架构底层的各个工厂。

在这个例子中，我们发现这家企业有着很高的采购阶段成本，但没有结构性投资。不用说，其他基础的驱动因素水平也令人失望（支出覆盖范围很低或没有，速率为零，收益取决于现有供应商，合规性仅仅参考历史值，在附加收益方面也毫无作为）。他们的 ROSMA^{SM} 指标不是接近零就是负数。后来，我们的转型工作项目组仅仅基于采购部之前未管理支出的一小部分，就实现了超过一半的预期收益。在那之后，组织转型工作就开始加速了。使用新的工具，引进人才，开展培训，全球化的中央领导式采购组织也初现雏形。

期间成本反映了人力成本、其他因素（职位、每一职位的人数、每一职位的薪资）以及采购过程中产生的任何外部或其他直接成本。A 公司拥有超过 200 名战略采购和负责日常事务的员工，可是几乎没有人能够进行战略采购或实施品类管理。根据对标研究，该公司应该只需雇用 75～80 名全职采购员工，职责划分应该与当前的情况完全不同。为了实现目标，A 公司积极投入开展采购组织转型——招聘、培训、核心流程的建立、知识管理和技术。由于起点较低，此次转型的投资回报率或 ROSMA^{SM} 提升的计算很简单，并更容易得到管理层的支持。净现值 5 亿美元，收益在一年内实现，所以很容易做出是否投资的决定。

尽管 A 公司是个极端的例子，但是从 ROSMA^{SM} 的研究结果和数据库中可以发现，不同企业在供应管理资产上的投入存在很大的差异。我们发现许多知名企业在改进技术和持续削减采购操作人员的数量上做了巨大投入。但是采购转型并不意味着将采购运营的支出削减到最低水平，而是最大化财务收益并维持相应的最优 ROSMA^{SM} 水平。在迄今为止的大量调查中，众多企业在每个 ROSMA^{SM} 驱动因素中都表现出了显著差异，但很难见到在大部分或全部驱动因素中都表现出持续卓越绩效的企业。

第6章　如何组建一支优秀的"采购博弈棋盘"团队

在本书第1章中，我们谈到了CEO应该成为一个具备CEO思维的CPO。要实现这一点，具备CEO思维的CPO需要有实际行动来展示，同时你和你的团队必须能够兑现承诺。使用棋盘博弈采购法是个郑重的承诺，如果一支优秀的采购团队对这些方法应用得当，就能可持续地以双倍的速度提升采购绩效。

如今拥有一支能够有效应用棋盘博弈采购法的优秀团队对企业而言至关重要。应用采购博弈棋盘不仅能够为采购企业带来巨大的财务收益，还有许多潜在的无形价值。针对上市企业，分析师很有可能会询问CFO企业的采购绩效水平。在CFO把这些问题抛出之前，你就该考虑如何圆满地回答这一系列问题。棋盘博弈采购法，这种使用正确的方法并突破传统采购模式的工作方法已成为一套制定品类策略的普适标准。与此同时，如果供应商意识到采购企业正在践行一套行业领先的采购方法，也许他们会相应提高自身要求（如苹果公司的供应商们那样）。最后但也许是最重要的一点：现在新招聘的员工很多都是"80/90后"——这一代年轻人也许是有史以来平均受教育程度最高、同时也是要求最高的一代。他们重视学习环境，喜欢面对挑战并相信完成挑战是取得进步的途径，乐于成为优秀团队中的一员，如果企业不能提供这样的环境，就无法留住这些人才。

要组建一支这样优秀的团队，企业需要从三方面进行准备：采购职能内部、利益相关方、供应商。

在采购内部组建一支优胜团队

一切都始于为团队和领导层设定正确的目标。采购意味着什么？有着怎样的品牌形象？你和你的员工们每天早上起床上班的动力是什么？你愿意成为一个卡在利益相关方与供应商之间、负责落实所有商务条款的人吗？我们认为采购不该是这样的。但目前我们也没有一个放诸四海皆准的答案。

组建一支优秀的采购团队决不仅仅是设定一个野心勃勃的降本目标就完事了。保证优良的产品质量、卓越的服务水平都应该是采购团队使命的一部分。不仅如此，我们建议眼光可以放得更长远一些，想一想蒂姆·库克和史蒂夫·乔布斯是如何将苹果公司从濒临破产的局面扭转成世界上最具价值的企业之一。苹果若是仅仅依靠低成本和强大的供应链是无法企及目前的成就的，成功的关键在于公司要求采购部门在新产品上市过程中发挥领导作用，即参与到应该上市哪些产品、新产品要有怎样的规格等决策中。

我们将棋盘博弈采购法称为新型采购。为了帮助你的团队掌握这种新型采购模式，在企业内部需要建立一个学习型组织。经过一段时间的学习，这个团队的成员需要掌握棋盘博弈采购法及其应用的方方面面。棋盘博弈采购法超越以往简单直接的采购模式，采购专业人才如果能够精通并熟练应用这套方法就能帮助企业创造更好的业绩。与此同时，这些采购人才也能在各利益相关方处建立起个人品牌形象，从而将其关系网络广泛地拓展到全公司。

为了驱动清晰的权责分工，就需要有一套衡量现状和检视未来提升路径的标准。我们的研究显示，CPO 的顶头上司中，只有不到一半非常了解 CPO 的工作同时明白这些工作是如何为企业创造价值。同样，有超过 40% 的 CFO 称他们不知道其采购团队在核心 KPI 上的表现如何。这点令人匪夷所思，因为一般而言，CFO 对市场营销、工厂管理、分拨中心、呼叫中心、工程设计等职能对企业关键 KPI 的贡献可谓了如指掌。每家企业都知道最优秀的销售员是谁、哪些工厂产量最高、哪位工程师最具才干，所以企业怎么能不知道谁是这家企业中最优秀的采购人才？就像棒球明星卡在背面列明球员的技术统计数据一样，"80/90 后"员工都非常渴望在工作中得到认可。我们之前介绍的 ROSMA^{SM} 框架便是在这样的背景下应运而生的，基于多年实践和客户反馈设计而成的 ROSMA^{SM} 有助于推动采购组织以结果为导向，并在优秀的采购人才和成功团队的成长过程中持续为其加油鼓劲。

从战术层面而言，这意味着采购企业需要引进竞争性的资源和绩效管理方式，不是简单地给各个主管分派下属，而是鼓励通过竞争获得资源。品类经理和采购团队应负责管理和积极发起采购项目，他们应当努力争取获得来自企业内部的信任，向管理者和关键利益相关职能部门提交立项建议和实施方案。没错！采购需要迎合这些相关方的诉求，并向他们展示前所未有、吸引眼球的绝佳机会。一开始，我们建议让品类经理每季度在企业内部宣传有潜力的采购项目，随着团队能力的发展，采购团队完全可以独立地与企业内部其他利益相关方就发起采购项目进行直接的交流与探讨。

最有前景、目标最宏大的项目理应获得最多的资源支持，同时采用最与时俱进的项目管理工具可以确保企业对每个项目的投资能够实现预期的，甚至更高的回报。先进的项目管理工具追踪每个项目的进度和所有项目的"战况汇总"，比如清晰的权责分工、时间安排、成本以及收益。这个工具也会记录每个项目团队正在采用哪些采购博弈棋盘上的方法以及使用这些方法的理由。最重要的是在每个项目结束时，该项目管理工具可以确保财务、商务和采购三方共同对项目成果进行确认和验证。这样的采购项目管理工具可以有效提升采购团队和员工个人的品牌信誉度，而项目收益和价值应采用统一的方式进行跟踪确认，ROSMA^{SM}框架就是最佳的选择。

通常能力强的员工倾向于较为透明的管理方式，正因为如此，我们建议企业为其提供有价值的项目评估和反馈，这些反馈应来自不同渠道，如采购、利益相关方和财务。与之类似的，我们也建议在团队内部每年进行一次开诚布公的年度绩效评估：根据方法、负责人、品类和项目分别对采购博弈棋盘上的各种方法的应用能力进行评估并公示，并鼓励团队以开放的态度交流分享彼此的经验与教训，他山之石，可以攻玉。

最后，在团队内营造强烈的团队精神和归属感，方法多种多样，比如鼓励员工定期聚会，举行非正式的座谈会和庆功活动等。奖励表现优秀的员工，提供事业发展机会，鼓励员工分享各自学习上的收获或者成功故事。当你的员工希望在其他领域进一步实现职业发展时，应慷慨地提供帮助，因为这有助提升采购在其他部门的影响力，长远来看对采购利大于弊。

与业务利益相关方实现共赢

新型的采购组织应该在新产品服务上市的过程中，能够对选择上市产品并确定规格的决策起到领导作用。这就意味着采购与其他利益相关职能的合作应区别于传统模式。作为CPO，你得想方设法让关键供应商在合作的过程中保持兴奋的、高度参与的状态，而只有当这些供应商对采购企业的产品和服务有认同感时，他们才会在开发新产品和服务时全神贯注地进行创新。

人们可能会问，采购凭什么在研发产品和服务的最前线拥有话语权？一个比较让人信服的理由是：采购与许多供应商保持着密切联系，而这些供应商往往会第一时间了解竞争对手们的新产品计划。与之相形见绌的是，市场营销部门只掌握了竞争对手们当下的产品和服务。因此，企业在进行关键决策时，将采购纳入核心决策圈至关重要。如果采购能完全发挥这种优势，给企业带来的收益将令人叹为观止。具体来看，采购主要能在以下四方面发挥巨大作用：

- 识别可以通过产品特性以及突破性的成本优势占领市场的产品或服务。"爆款"产品通常具备两个到三个撒手锏，一个全面但没有特色的产品无法赢得市场。

- 确保供应商能够顺利地供货。很多情况下，供应商为了满足客户要求不得不答应一些能力之外的规格要求，这样会因为生产成本过高导致产品丧失优势，而且也在一定程度上限制了供应商可以贡献的价值。

- 激励并与供应商分享成功的喜悦，这可以将供应商的创新成果变得唾手可得。采购也需要具备优秀的销售技能，向供应商推销企业的愿景和目标，邀请重要的供应商共同参与到"追梦"的过程中。最好的办法就是让采购成为参与规划企业愿景的一分子。

- 确保所有职能自上而下对企业的产品或服务规划蓝图有统一的认识并坚决执行，这样才能保证企业资源不被浪费。为什么要这么做呢？全球范围内，我们目睹过许多企业因允许某些地区不上市新产品导致对供应商订货量不足，而无法履行向供应商承诺的订货量会直接影响采购企业在供应商处的信誉形象。随着采购在企业内持续地发光发热，在关键决策中占得一席之地就变得理所应当。作为一名 CPO，开始像一个 CEO 那样思考就是实现这一理想的第一步。

与你的供应商实现共赢

最后我们来讨论一下如何培养你的关键供应商。首先，请向供应商介绍博弈采购棋，以及采购将如何运用这套工具。供应商需要意识到它们应如何在新型采购模式下与采购打交道，以前那种仅仅通过与客户高层搞好关系、制作精良的演示文稿、与采购人员讨价还价等简单的销售手段不再有效，这点非常关键。聪明的供应商应该很快就能明白并作出相应的调整和改善。

总而言之，采购的品牌形象靠自己做主。而成功的品牌建立需要遵循以下几个核心原则：

- 包容性：定期召开采购组织大会，与员工分享计划、成果以及问题，积极沟通目标和团队内的工作重点，建立有使命感的团队。

- 个人发展路线图：设计清晰的、结构化的人才发展路线图，制定个人绩效目标，使用差异化的奖赏、激励办法。

- 追求显著的成果：更有效地创造显著成果，广泛地利用内部和外部资源。

- 透明的统计数据：建立起比其他职能更为透明的绩效管理，并对现有绩效表现有更为深入的理解与诠释。

- 高层影响力：像 CEO 一样思考，影响关键决策，将实现的成果定期与高层管理团队和董事会分享，不定期与行业分析师进行分享。

第7章　结语：对销售和市场营销人员的启示

几十年来，供应商的销售与市场营销人员在其客户的心目中似乎总是比采购高人一等，这无非是因为供应商的营销职能与采购企业的相关部门已经建立了紧密的关系，并有权签订采购必须执行的"商业协议"。由于大部分决策已经完成，采购人员能做的似乎就只是围绕商务条款等细节进行谈判。

但是，这种时代很快就要过去了。在众多世界领先企业内，成熟的采购体系已经成型，成熟的采购方式已被导入至关键决策流程中。从2008年开始，棋盘博弈采购法开始被业内人士接受并逐渐得到推广，现已成为一套被广泛应用的品类管理策略制定标准。现如今销售人员仅仅通过与客户高层搞好关系、制作精良的演示文稿、与采购人员讨价还价等简单的销售手段已经无法完成水涨船高的销售目标了。许多情况下，了解成本结构、技术细则、供应市场的采购人员掌握了先机，加之完备的供应商筛选流程和标准，销售人员相较于采购往往显得相形见绌！

在客户那儿受挫或是向上级报告坏消息都是令人痛苦的事情，但其实

第7章 结语：对销售和市场营销人员的启示

这些完全可以避免。在这个采购新时代，作为销售你需要做以下几件事情：

在采购博弈棋盘上正确地定位

回顾本书第 3 章，作为供应商要做的就是在采购博弈棋盘上对自身位置正确定位，并了解这个定位对企业自身的意义所在。首先，你需要真实、客观地理解自身作为供应商的供应博弈力如何。这要求对竞争对手们进行透彻的分析，包括现有的对手和新崛起的潜在对手，分析过程中可能需要按地理区域划分，并要求特别细心地准确定义产品和服务。只要方法得当，供应博弈力的分析和定位结果可以用来制定针对所有客户的策略。如果需要按照不同的客户分别定位自身的供应博弈力，说明你还没有准确地完成上述所有的相关分析。

接下来，需要了解客户的需求博弈力。当然这需要针对每家客户进行单独分析，但作为销售，比较不同客户博弈力的相对强弱关系并确保定位准确应该不难。

在完成了在采购棋盘上的定位之后，就可以模仿采购人员检查定位附近有哪些适用的采购方法并了解如何使用这些方法。这能帮助销售了解客户对其产品和企业的看法，还能一窥客户可能采用的采购策略。接下来，我们就大致探讨一下客户可能会采用哪些策略，同时作为销售应该如何应对。

如何应对定位在中心区域的情形？

如果供需双方博弈力位于采购博弈棋盘的中心区域，即中等的供应和需求博弈力，供应商需要采用一些多元化的手段。也许你所在的企业在很多招投标项目中面临激烈竞争，为了能交出一份令客户满意的"答卷"，我们建议在企业内建立起一套可靠稳定的内部工作流程和机制。另一个建议是从客户的角度出发，精简并设计结构化的产品组合。另外，与客户开展协作来提高产能并优化需求规划也值得考虑。

在采购博弈棋盘的中心区域，供应与需求博弈力之间的平衡也会导致成本与价值之间的界限变得模糊，传统的商务谈判技巧也不容小觑。

如何应对定位在左下角的情形？

让我们直面一种情况，你所在的企业与客户之间的关系并不紧密。但对于销售个人而言，这就是另外一回事了。上级已经布置了销售任务，要求提高比如说 10% 的销售额，在一个高度分散并充分竞争的市场中，面对众多旗鼓相当的竞争企业，如何才能完成销售指标？

如果继续沿用老方法绕过采购人员（与相关方直接打交道），最后的结果可能事与愿违。更明智的做法是尽量了解采购人员真正的诉求，即如何确保关键相关方能够充分利用现有合同条款，销售人员应该好好想一想如何在这其中发挥作用。如果销售人员能帮助采购人员优化企业内部的"长尾支出"，那么顺利拿到更多业务应该不是难事。

如何应对定位在左上角的情形？

你所在的企业设定行业标准，也许还受到专利保护，客户对产品和服务有很强的黏性和高忠诚度，这一切都可喜可贺，但切不可掉以轻心，傲慢可能成为这类企业的最大敌人！也许客户正在酝酿一次让你措手不及的

第 7 章 结语：对销售和市场营销人员的启示

技术变革。还记得年轻的大卫是如何击败巨人歌利亚的吗？[1]

只有让客户打心底里喜欢与你合作，才能一直保持有利地位。夜以继日地推动创新，挑战极限并帮助客户获得成功，才能让企业继续立于不败之地！如果客户对供应商的"垄断"地位安之若素，他们就会把精力用来解决其他更加棘手的问题。

如何应对定位在右下角的情形？

电影《教父》中有一个非常经典的场景：人们恳求唐·柯里昂（教父）帮忙时，需要亲吻他的手以示尊敬。这很形象地说明了当供求博弈力定位在右下角时，供应商与采购企业之间的关系。

这种情境下，采购企业很清楚应该为某个产品或服务支付的价格。如果一笔交易对供应商而言还是有利可图的，那么就该接受，然后想尽一切办法降低成本。只要你勇于挑战现状，扪心自问竞争对手会如何制造类似产品和服务，总有办法可以降低成本。只要满足客户的整体预期，客户总是倾向于选择低价方案，这样你就能获得更多的业务。

如何应对定位在右上角的情形？

定位在采购博弈棋盘右上角一定是有原因的。1953 年，艾德蒙·希拉里选择与丹增·诺盖一起成功登顶珠峰[2]，如果不是艾德蒙·希拉里，丹增·诺盖未必肯以命犯险。

定位于右上角的供应商应尽可能多地与客户就创造价值展开沟通，这样的对话应囊括公司的各个层面和职能。你的产品和服务对客户业务具有战略意义,关乎客户的成败,你的创新和研发能力将主导采购企业的未来。

就像不同的采购团队在转型时所经历的过程各不相同,销售团队也是如此,有的快速成长,而有的则需要花多一点时间摸索。新的领导班子上台、组织转型升级、首席财务官追求更好业绩等这一切都会加速销售组织的转型升级,而作为销售团队的一员,此时你必须对所处的局面有清醒的认识:客户是否仍用传统的眼光和手段在管理采购?是否已经开始转型?还是已经完成蜕变?

如果你的客户正处于过渡期,作为销售人员应重点关注和鼓励正在推动采购转型的高层管理者,这些人正是你未来的客户。当然与这样类型的企业合作将面临更多挑战,需要花费你更多的时间来思考和研究如何与之互动,怎样为他们创造更多价值。现如今巧妙地在各种难题之间周旋是解决不了任何问题的,销售人员应做好准备,应对这种比以往更成熟,以结果为导向的互动方式,同时这种业务模式对销售人员而言也更容易预测结果,获得与付出成正比的业绩。

注

1. 译者按:大卫和歌利亚,来源于《圣经》故事。非利士人攻打以色列,巨人歌利亚代表非利士人,他在阵前嘲笑以色列人不敢应战。大卫是以色列人扫罗王的部下的弟弟,最后出人意料地打败了歌利亚。

2. 译者按:艾德蒙·希拉里(Edmund Hillary,1919—2008)是新西兰登山家和探险家,他和丹增·诺盖(Tenzing Norgay)是可证明的最早成功攀登珠穆朗玛峰峰顶的人。

附　录

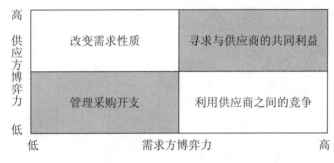

高
供应方博弈力
低
改变需求性质
寻求与供应商的共同利益
管理采购开支
利用供应商之间的竞争
低
需求方博弈力
高

图 1　四个采购战略

高
供应方博弈力
低
创新突破
重新设计规格
价值链管理
价值合作伙伴
风险管理
技术数据挖掘
综合运营计划
基于成本的伙伴关系
联合采购
商业数据挖掘
招标
供应商价格评审
需求管理
需求捆绑
全球采购
目标定价
低
需求方博弈力
高

图 2　16 个杠杆

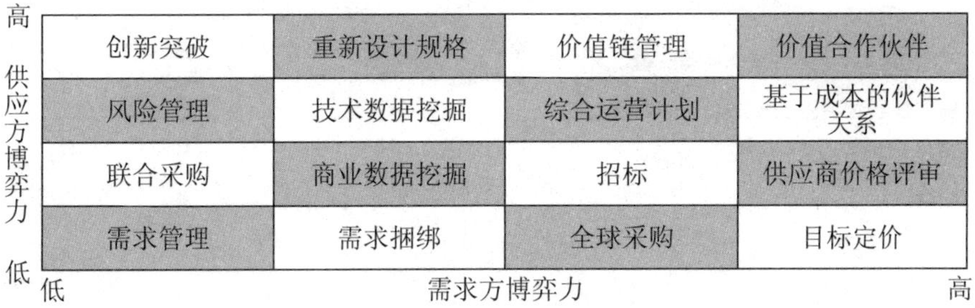

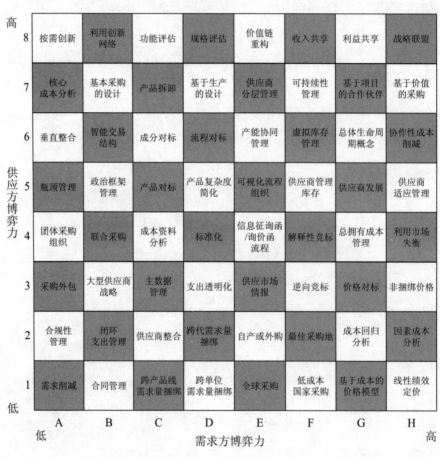

采购博弈棋盘™

著译者简介

　　Christian Schuh 是科尔尼欧洲地区企业供应管理方面的负责人，常驻奥地利维也纳。加入科尔尼后参与负责了众多项目，服务的客户遍及汽车、建筑设备、国防、高科技、包装以及钢铁行业，涉及的国家有奥地利、中国、法国、德国、俄罗斯、英国、乌克兰和美国。他专长于战略采购、产品研发与组织架构设计。Christian 撰写了各类书籍、专著以及文章。在加入科尔尼之前，他曾就职于联合利华。Christian Schuh 毕业于 TU Graz（奥地利）航空工程专业，并取得了商业管理博士学位。目前 Christian 定居于维也纳。

　　Joseph L. Raudabaugh 是科尔尼 PAS（采购与分析解决方案）的创始人和全球领袖，常驻芝加哥。Joseph 于 1984 年加入科尔尼公司，在北美、中国、欧洲、印度、日本和南美带领团队为来自酿酒、建筑设备、消费品、直销、食品原料、医疗保健、工业品、药品以及特殊零售行业的客户提供项目服务。他的专长包括供应管理、战略和组织发展等。Joseph 撰写了大量专题论文和文章。同时，Joseph 也是科尔尼学生实验室项目的联合创始

人,此项目与超过 45 个客户以及来自卡内基梅隆大学、芝加哥大学布斯商学院、密歇根大学商学院、麻省理工学院和美国加州大学洛杉矶分校商学院的师生们共同利用试验学习模式来解决和完成运营及战略相关的商业项目。加入科尔尼公司前,Joseph 供职于空气产品公司(Air Products & Chemicals)。Joseph Raudabaugh 就读于北卡罗来纳州立大学经济和运营研究专业,并获得了芝加哥大学商学院工商管理硕士学位。

Robert Kromoser 目前定居于奥地利维也纳,但他在比利时、德国、法国、意大利、英国和美国积累了丰富的海外咨询经验。他是企业运营管理方面的成员之一,专注于战略采购、采购转型与供应商主导创新。Robert 曾负责过涉及汽车、建筑设备、建筑材料、机械工程、钢铁行业的众多项目。他曾经针对战略采购作为增值因素所起的作用进行研究分析并且撰写过关于采购的多本著作和文章。Robert Kromoser 毕业于维也纳经济和工商管理大学(奥地利)与卡内基梅隆大学(美国)的工商管理专业。

Michael F. Strohmer 是科尔尼运营管理方向的成员之一,同时也是欧洲原材料团队的领导人,常驻奥地利维也纳。在公司期间,Michael 参与负责过众多项目,客户遍及全世界,专注于企业并购后的相关项目。项目涉及的领域有:公共事业、汽车、国防、消费品、包装与钢铁等。Michael 是原材料策略、采购转型、并购后管理以及大型资产项目方面的专家,曾经出版过数本书籍和文章,并且多次受邀在国际会议上发表演讲。Michael F. Strohmer 获得工商管理博士和法学博士学位。

著译者简介

Alenka Triplat 是科尔尼企业运作管理方向的成员之一。在科尔尼奥地利维也纳办事处工作期间，Alenka 曾参与和负责过众多供应管理项目，涉及领域有建筑设备、包装以及钢铁行业。曾与在奥地利、德国、意大利及东欧国家的跨国企业合作过，并且在美国工作和生活过很长一段时间。Alenka 擅长供应管理相关领域，如谈判策略与全球采购。她也是一名采购战略与谈判的培训师，曾就这些课题发表过多篇文章。Alenka Triplat 曾就读于斯洛文尼亚卢布尔亚纳大学经济专业以及奥地利维也纳经济和商业管理大学工商管理专业。

Jim Pearce 是科尔尼欧洲地区运营管理和业务转型领域的负责人，常驻于伦敦。欧洲工商管理学院 MBA 毕业后，Jim 于 2001 年加入科尔尼，主要负责采掘业和重工业的运营、组织以及兼并收购项目，他经常参与该领域的研讨会议并发表演讲。Jim 参与开发了科尔尼全球资本支出对标研究（ExCap），并参与领导了多项资本支出优化项目。作为一个专业的地质学家，Jim 最初在加纳从事金矿开采，之后加入斯伦贝谢公司，在全球各地包括沙特、委内瑞拉、阿拉斯加、印度、巴林、巴西等地参与石油钻井平台相关业务。目前，Jim 与妻子和三个儿子一起居住在伦敦市郊。

姚倩,科尔尼总监,在世界500强企业与管理咨询行业工作十余年,是战略采购、供应链管理、市场营销与销售领域的跨界专家。

在科尔尼(A.T. Kearney)工作期间,为国内外不同行业的领先企业提供转型咨询服务,涉及战略采购、供应链管理、渠道营销、绩效优化等。在战略采购领域,她领导了一系列采购变革项目,例如,曾在一年半内为一家国际知名消费品企业创立中央采购团队,通过系统性方法提升了40多个品类的采购绩效。在为客户提供咨询服务的同时,她领导了多元化的中高端人才能力发展项目,包括技能评估、职业规划、培训、团队教练等。同时,作为一名资深培训师,姚女士携手供应管理协会中国区(ISM China),在中国推广战略采购理念与方法。此外,她参与出版、翻译了一系列专题书籍与文章,如《采购——如何脱颖而出》《基于数据洞察的精准促销——助力消费品企业开源与节流两不误》《供应商早期参与——风险隐患还是价值引擎》《俯瞰力、柔韧性、人文化——变革管理的三大助推器》《首席采购官》《供应商关系管理——机会与价值最大化》等。

李学芸,科尔尼全球合伙人,拥有20年以上的行业与管理咨询经验,是采购与供应链管理咨询行业的资深专家。由其带领的项目团队,服务过的全球客户涉及食品和饮料、医药、消费品、化学药品、零售、电信等众多行业。李学芸女士的专长领域包括战略采购、采购变革、供应链管理、采购供应链效率改善、运营优化和信息技术战略等。李学芸女士根据其在科尔尼公司多年的研究成果和丰富的实战经验,对全球采购市场的特点及差异具有深度洞察。她曾发表过多篇文章,尤其是由她所翻译并出版的中文版《棋盘博弈采购法》，结合中国国情和全球市场环境特征，有效把握中国供应市场特点，受到广大中国读者的好评。她长期担任美国麻省理工学院(MIT)供应链管理专业的客座教授，并曾多次受邀在国际会议上发表演讲。

叶斐杰，科尔尼副总裁，拥有15年以上管理咨询及行业经验。在加入科尔尼公司之前，曾就职于英特尔公司。叶先生是战略采购、供应链、科技发展方面的专家，在装配测试运营和生产提升等领域也具有丰富经验；曾领导全球范围内不同行业的企业进行采购转型、IT转型等项目，帮助企业实现成本节约、绩效提升和运营优化。例如，曾经领导一家亚洲航空公司进行大规模战略采购和转型项目，为其地面装卸优化设计了应有成本模型，优化其引擎保养成本，识别可落地的降本和运营优化机会。

吴江，在世界500强企业及管理咨询行业工作近15年，曾任宝洁公司资深经理、科尔尼公司副总裁，是企业运营转型的资深专家，在供应链管理、采购管理、大数据分析方面有丰富的经验。他曾经领导超过30个大型运营转型项目，客户遍及从世界100强的百年跨国公司到高速成长的国内企业，行业横跨快速消费品、高科技电子、汽车和机械等。在以往的项目中，吴江先生特别强调体系方法与具体到个人的实际操作相结合，国际背景、跨行业的领先实践与中国市场、特定行业的具体问题相结合，既为客户创造出显著的财务收益，也协助客户建立内部可持续的组织、能力，实现跨越式发展。吴江先生同时也是本系列图书中的另两册《首席采购官》

《供应商关系管理——机会与价值最大化》的译者。此外，在科尔尼工作期间，他还发表过多篇有关运营管理的文章，多次受邀在大型会议上发表主题演讲，并担任清华大学五道口金融学院企业战略管理系列课程的特约讲师。